O DIABO NA CORTE:
LEITURA CRÍTICA DO BRASIL ATUAL

EDITORA AFILIADA

Dados Internacionais de Catalogação na Publicação (CIP)
(Câmara Brasileira do Livro, SP, Brasil)

Betto, Frei
   O diabo na corte : leitura crítica do Brasil atual / Frei Betto. —
São Paulo : Cortez, 2020.

   Bibliografia
   ISBN 978-85-249-2765-2

   1. Bolsonaro, Jair Messias, 1955- 2. Brasil - História 3. Brasil
- Política e governo 4. Ciências políticas 5. Eleições - Brasil
6. Presidentes - Brasil I. Título.

20-33478
                                CDD-320.981

Índices para catálogo sistemático:
1. Brasil : História política   320.981

Maria Alice Ferreira - Bibliotecária - CRB-8/7964

O DIABO NA CORTE: LEITURA CRÍTICA DO BRASIL ATUAL

FREI BETTO

São Paulo – SP

2020

O DIABO NA CORTE: LEITURA CRÍTICA DO BRASIL ATUAL
FREI BETTO

Capa: Sergio Liuzzi
Edição de texto: Agnaldo Alves
Preparação de originais: Maria Helena Guimarães Pereira
Revisão: Patrizia Zagni
Projeto gráfico e diagramação: Linea Editora
Coordenação editorial: Danilo A. Q. Morales

Nenhuma parte desta obra pode ser reproduzida ou duplicada
sem autorização expressa do autor e do editor.

Copyright © 2020 by Frei Betto

Direitos para esta edição
CORTEZ EDITORA
R. Monte Alegre, 1074 — Perdizes
05014-001 — São Paulo-SP
Tel.: +55 11 3864 0111 | 3803 4800
cortez@cortezeditora.com.br
www.cortezeditora.com.br

Impresso no Brasil — março de 2020

Aos meus parceiros da Academia Perdiziana de Letras e "Litros"*

Ana Massochi
Celso Adolfo
Daniel Maia
Danilo Miranda e Cléo Regina dos Santos Miranda
Eugênio Bucci
Humberto Werneck
Ivan Ângelo
José Trajano e Rosana Lopez
J.R. Duran
Lúcio e Cris Zaccara
Luiz Ruffato
Mario Sérgio Conti e Flávia Varella
Nicodemos Sena e Marli Perim
Octavio de Barros e Renée Zicman
Pasquale Cipro Neto e Juliana Pasquale
Renato Braz
Ricardo Kotscho
Tom Zé e Neusa Santos Martins

---

*   A Academia, fundada em fevereiro de 2019, reúne, todos os meses, escritores, trovadores e afins, moradores dos bairros paulistanos do Pacaembu, Perdizes e adjacências.

Sumário

Siglas 11

O governo Bolsonaro

O diabo na corte 17
Antes da eleição de Bolsonaro 20
Bolsonaro eleito presidente 24
Ato falho ou desprezo pelos pobres? 28
Impensável vitória de Bolsonaro 33
Pergunte à história 42
Suspeita de corrupção na família Bolsonaro 45
Multa 51
Nepotismo 52
O ideólogo 53
Steve Bannon e as redes digitais 59
Religião, principal sistema de sentido 71
Peso do voto evangélico 75
"A verdade vos libertará" 78

O "antiglobalista" ministro das relações exteriores e
outros ministros.. 81

Escola sem partido — deveres detalhados........................ 97

Escola compartida.. 100

Governar pelo medo 103

Naturalização do horror 106

Lógica do poder 110

Outros temas

Colonialidade.. 115

Decadência do Ocidente 118

A gaiola neoliberal... 120

Globalização da indiferença.. 123

Como endireitar um esquerdista....................................... 125

Despolitizar a política 129

Pós-democracia.. 132

Sacralidade do ser humano... 135

Morte, questão política 138

Relação fé e política.. 141

A face do horror.. 144

A morte nutre o capital... 148

Darwinismo social 151

Direitos Humanos e loteria biológica............................... 154

Estupro geral... 157

Fundamentalismo econômico.. 159

Robin Hood tinha razão 161

Morador de rua não é caso de polícia. É caso de política .. 164

O cardeal eletricista 168
O desempregado 171
Templo dos desejos 174
Mãe ambiente 177
Degradação ambiental: de quem é a culpa? 180
Amazônia, desafios 183
Amazônia, o rosto ecológico de Deus 186
Amazônia ameaçada 189

Epílogo 193
Obras do autor 197

Siglas

AGU — Advocacia-Geral da União
BID — Banco Interamericano de Desenvolvimento
CENIMAR — Centro de Informações da Marinha
CEO — sigla em inglês de *Chief Executive Officer*, profissional que ocupa o mais alto cargo em uma empresa
CEPAL — Comissão Econômica para a América Latina e o Caribe
CIA — sigla em inglês de Agência Central de Inteligência
CMP — Central de Movimentos Populares
CNBB — Conferência Nacional dos Bispos do Brasil
COAF — Conselho de Controle de Atividades Financeiras
COP — Conferência das Nações Unidas sobre Mudanças Climáticas
CPI — Comissão Parlamentar de Inquérito
CUT — Central Única dos Trabalhadores
DEM — Democratas (partido político brasileiro)
DOI-CODI — Destacamento de Operações de Informação — Centro de Operações de Defesa Interna
DOPS — Departamento de Ordem Política e Social
EUA — Estados Unidos da América

FAB — Força Aérea Brasileira
FHC — Fernando Henrique Cardoso
FIESP — Federação das Indústrias do Estado de São Paulo
FMI — Fundo Monetário Internacional
FUNAI — Fundação Nacional do Índio
IA — Inteligência Artificial
IBAMA — Instituto Brasileiro do Meio Ambiente e dos Recursos Naturais Renováveis
IBGE — Instituto Brasileiro de Geografia e Estatística
IPEA — Instituto de Pesquisa Econômica Aplicada
LGBTI+ — Lésbicas, Gays, Bissexuais, Travestis, Transexuais, Transgêneros e Intersexuais e outros mais
MDB — Movimento Democrático Brasileiro
MG — Minas Gerais
MMA — Do inglês *mixed martial arts*, artes marciais mistas
MPF — Ministério Público Federal
MST — Movimento dos Trabalhadores Rurais Sem Terra
MTST — Movimento dos Trabalhadores Sem Teto
OAB — Ordem dos Advogados do Brasil
ONG — Organização Não Governamental
ONU — Organização das Nações Unidas
PCdoB — Partido Comunista do Brasil
PE — Pernambuco
PIB — Produto Interno Bruto
PM — Polícia Militar
PR — Paraná
PR — Partido da República
PSC — Partido Social Cristão
PSDB — Partido da Social Democracia Brasileira
PSL — Partido Social Liberal

PSOL — Partido Socialismo e Liberdade
PT — Partido dos Trabalhadores
PUC — Pontifícia Universidade Católica
REDE — Rede Solidariedade (partido político brasileiro)
RO — Rondônia
RR — Roraima
RJ — Rio de Janeiro
RS — Rio Grande do Sul
SC — Santa Catarina
STF — Supremo Tribunal Federal
SUS — Sistema Único de Saúde
TSE — Tribunal Superior Eleitoral
UFSC — Universidade Federal de Santa Catarina

O GOVERNO BOLSONARO

O DIABO NA CORTE

Conta um velho manuscrito carolíngio que, certa feita, decidiu o diabo instalar-se em plena corte de um rei que se julgava verdadeiro messias. Dos súditos se exigia não apenas obediência, mas sobremaneira devoção.

Como sabem todos, etimologicamente diabo é antônimo de símbolo. Se este une e agrega, aquele divide e confunde. Era exatamente este o intuito do diabo, semear na corte a mais intensa confusão. E ele o fazia a quatro vozes, a sua e as de seus três filhos príncipes.

O rei se tomou de perplexidade e ódio ao ver seus propósitos reduzidos à galhofa. O que ele dizia pela manhã era desmentido à tarde por seus ministros. Se prometia aumentar impostos, logo seus acólitos se apressavam a esclarecer que ele se equivocara. Se um ministro demonstrava a intenção de vender aos barões parte do patrimônio do reino, logo Sua Majestade tratava de contradizê-lo e reafirmar que certos bens estratégicos do reino não poderiam ser alienados.

O diabo, em sua esperteza maléfica, tratou de semear uma das mais eficazes pragas: a confusão semântica. As palavras tiveram seus significados esvaziados ou trocados, a ponto de uma princesa ousar confessar em público ser uma pessoa "terrivelmente religiosa". Consultasse ela um dos vernaculistas do reino, saberia que o advérbio deriva de "terrível, que causa ou infunde terror", conforme aclara o sábio Michaelis. E o monge carolíngio copista do importante manuscrito fez esta glosa que tanto agradou o diabo: "Uma religiosidade terrível nada tem a ver com o bom Deus".

A mesma nobre autoridade ousou decretar que, no reino, meninas deveriam trajar rosa e meninos, azul. O diabo esfregou as mãos de satisfação. Os daltônicos, por temerem incorrer em erro, preferiram sair nus à rua, o que suscitou uma onda de escândalos. Os que haviam nascido menina e, no entanto, se sabiam menino, vestiram-se de rosa, e os meninos que se sabiam meninas trajaram o azul, o que os tornou alvo de severos castigos.

Por injunção do diabo, toda e qualquer pluralidade foi banida do reino, impondo-se a mais estrita dualidade. Quem não era amigo era inimigo. E para que tal dualidade não sofresse a menor ameaça de ser contaminada pela dialética, baniu-se do reino o Ministério da Cultura. Pensar passou à categoria de crime. Foi extinto ainda, entre outros, o Ministério do Trabalho, já que o diabo incutiu na nobreza ser muito mais lucrativo o trabalho escravo que o assalariado, tão oneroso para as burras de marqueses e condes.

Não satisfeito em provocar tamanha confusão no reino, o diabo decidiu agir na educação dos súditos. Para o rei, todos os monarcas que o precederam haviam envenenado a educação com a famosa peste do *ismo*, contaminando de tal modo a visão dos educandos que enxergavam vermelho onde havia verde.

Na alfabetização, baniram-se todos os métodos que associavam palavras e ideias, e adotou-se o método fônico, que recorta letras para formar palavras. O jogo de Palavras Cruzadas foi terminantemente proibido por favorecer a semântica em detrimento da sonoridade vocabular.

O ministro encarregado das relações com os reinos vizinhos falava javanês. Ninguém nada entendia, o que não tinha a menor importância, já que o seu interesse era se sentir cercado de admiradores e, de preferência, bajuladores. Sua diplomacia consistia no mais estrito verticalismo, que prioriza a relação com os Céus, em detrimento de todo e qualquer horizontalismo de boa vizinhança com os demais reinos.

Muitos séculos depois de encontrado este manuscrito, descobriu-se outro em um reino do Sul, saído da lavra de um descendente de escravos. Intitulava-se *A igreja do diabo*. O autor se chamava Joaquim Maria Machado de Assis. Mas isso é outra história.

ANTES DA ELEIÇÃO
DE BOLSONARO

Em *O Globo*, de sábado, 15 de setembro de 2018, publiquei este artigo:

Eleição democrática do terror

Ele nada entendia da situação real do país. Nem demonstrava interesse por ela, embora atuasse ativamente na política. Por isso não gostava de ser questionado, irritava-se diante das perguntas como se fossem armas apontadas em sua direção. Não queria que a sua ignorância se tornasse explícita.

Ser estranho, tinha os olhos alucinados afundados nas órbitas, lábios espremidos, gestos cortantes. Todo o seu corpo era rígido, como se moldado em armadura. Ao ficar na defensiva, parecia uma fera acuada. Ao passar à ofensiva, a fera exibia garras afiadas, e de suas mandíbulas pingava sangue.

Sua fala exalava ódio, rancor, preconceito. Aliás, não falava, gritava. Não sabia sorrir, tratar alguém com delicadeza, ter um gesto de cortesia ou humildade. Evitava ao máximo os repórteres. Julgava as perguntas invasivas. E temia que a sua verdadeira face antidemocrática transparecesse nas respostas.

Educado em fileiras militares, aprendera apenas a dar e cumprir ordens, enquadrar quem o cercava e ultrajar quem se opunha às suas opiniões. Jamais aceitava o contraditório ou praticava um mínimo de tolerância. Considerava-se o senhor da razão.

A nação estava em frangalhos, mergulhada em crise ética, política e econômica, e o horizonte da esperança espelhado em trevas. Pelo país afora havia milhares de desempregados, criminalidade generalizada, corrupção em todas as instâncias de poder. O câmbio disparara, a moeda nacional perdia valor, o descontentamento era geral. O governo carecia de credibilidade e se via cada vez mais fragilizado. O povo clamava por um salvador da pátria.

Jovens desesperançados viam nele um avatar capaz de inaugurar a idade de ouro. Era ele o cara, surfando na descrença generalizada na política e nos políticos. O Executivo se debilitara por corrupção e incompetência, o Legislativo mais parecia um ninho de ratos, o Judiciário se partidarizara submisso a interesses escusos.

Ele se dizia cristão, e se considerava ungido por Deus para livrar o país de todos os males. Advogava soluções militares para problemas políticos. Movido pela ambição desmedida, se apresentou como candidato à eleição democrática para ocupar o mais alto posto da República, embora ostentasse a patente de simples oficial de baixo escalão do Exército.

De sua oratória raivosa ressoava o discurso agressivo, bélico, insano. Haveria de modificar todas as leis para implantar uma ordem marcial que poria fim a todas as mazelas do país. Eleito, seria ele o comandante-em-chefe, e todos os cidadãos passariam a ser tratados como meros recrutas obrigados a cumprir estritamente as suas ordens.

Prometia fortalecer o aparato policial e as Forças Armadas. Sua noção de justiça se resumia a uma bala de revólver ou a um tiro de fuzil. Eleito, excluiria da vida social um enorme contingente de pessoas consideradas por ele sub-humanos e indesejáveis — feministas, homossexuais, trabalhadores em luta por seus direitos e "comunistas", como eram qualificados todos que lhe faziam oposição. Todos que se opunham às suas opiniões eram por ele apontados como bodes expiatórios da desgraça nacional.

Seu mandato presidencial haveria de trazer a era de fartura e prosperidade. Reergueria a economia e asseguraria oportunidades de trabalho a todos. Exaltaria os privilégios do capital sobre os direitos dos trabalhadores. Aqueles que o seguissem seriam felizes, e livres para sobrepor a lógica das armas ao espírito das leis. Os demais, excluídos sumariamente do convívio social.

Enfim, após uma série de manobras políticas e forte repressão às forças adversárias, ele foi eleito chefe de Estado. A nação entrou em júbilo. O salvador havia descido dos céus! Ou melhor, brotado das urnas.

Tudo isso aconteceu em 1933. Na Alemanha alquebrada pela derrota na Primeira Grande Guerra. O nome dele era Adolfo Hitler.

Este o meu temor, de que o governo de Jair Bolsonaro, uma vez eleito, desencadeasse uma onda de violência no país sobre todos aqueles que não rezavam por sua cartilha. Mas para isso ele precisaria superar seus concorrentes da corrida presidencial, como Fernando Haddad, do PT; Ciro Gomes, do PDT; e Geraldo Alckmin, do PSDB. E sua arrogância e real desconhecimento da conjuntura do Brasil poderiam despontar como os principais obstáculos ao crescimento de sua candidatura quando chegasse o momento de se defrontar com seus rivais nos debates televisivos.

Um fato inesperado ocorreu. Em 6 de setembro de 2018, véspera da comemoração da independência do Brasil, Bolsonaro teria sido vítima de uma facada durante campanha eleitoral em Juiz de Fora (MG). A partir daquela data não mais participou de debates, e ainda roubou de Lula — preso em Curitiba (PR) pela Lava Jato, que o alijou da corrida presidencial — o papel de vítima do processo político brasileiro.

Até hoje guardo dúvidas sobre a facada. E Lula me repetiu a mesma impressão quando o visitei pela segunda vez na prisão, a 17 de dezembro de 2018. Não havia sangue na camisa; o agressor escapou ileso, sem levar um tapa ao ser preso; e ainda demonstrou uma tranquilidade inexplicável quando fotografado e filmado na delegacia de Juiz de Fora (MG). Minhas dúvidas aumentaram ao assistir a um vídeo filmado em Juiz de Fora na data fatídica.[1] Teria sido uma bem montada trama que livrou Bolsonaro dos debates eleitorais?

As despesas de socorro médico na Santa Casa de Juiz de Fora foram pagas, segundo a instituição, pelo SUS. Mas até hoje não se sabe quem pagou o jatinho que levou Bolsonaro da cidade mineira para São Paulo, onde foi internado no hospital Albert Einstein. Nem quem pagou o tratamento nesse hospital, um dos mais caros do país. Bolsonaro não apresentou à Câmara dos Deputados pedido de ressarcimento dos custos médicos e hospitalares.[2]

O leitor que tire as suas conclusões.

---

1. Ver: https://youtu.be/kDe6Vvgvf44
2. *Folha de S. Paulo*, 29/12/2018, p. A10.

BOLSONARO ELEITO PRESIDENTE

O PSL (Partido Social Liberal), pelo qual Jair Messias Bolsonaro se elegeu presidente, tinha apenas um deputado federal eleito em 2014. Outros sete aderiram nos anos seguintes. Em 2018, elegeu 52, a segunda maior bancada na Câmara dos Deputados. Perdeu apenas para o PT, que elegeu 56. Em seguida, figuram: PP 37; MDB 34; PSD 34; PR 33; PSB 32; PRB 30; PSDB 29; PDT 28; SD 13; PODE 11; PTB 10; e PSOL 10. Não elegeram nenhum deputado federal o PCdoB, a REDE, o PV, entre outros partidos. O PSL elegeu também três governadores (SC, RO, RR), e ainda recebeu o apoio dos governadores eleitos do Rio de Janeiro, São Paulo e Minas Gerais.

Bolsonaro foi eleito com 55,13% da preferência eleitoral, ou seja, 57,7 milhões de votos. Fernando Haddad, do PT, teve 44,9% da preferência eleitoral. Somou 47 milhões de votos. Dos 147 milhões de eleitores, 2,1% optaram por votar branco (2,5 milhões de eleitores) e 7,4%, por votar nulo (8,6 milhões de eleitores). Nulos e brancos somaram 9,6%. A soma de brancos, nulos e abstenções foi em torno de 30 milhões de eleitores.

"Brasil acima de tudo, Deus acima de todos" — eis o mote de campanha de Bolsonaro. Em 1986, quando ainda estava na ativa no Exército, publicou um artigo na revista *Veja*, no qual defendia aumento salarial para os militares. E para chamar a atenção para tal reivindicação, ele e um colega planejaram explodir bombas no Rio. Devido ao "plano bombástico" e ao artigo, considerado indisciplina por seus superiores, uma sindicância foi aberta no Exército.

Bolsonaro recebeu condenação no início de 1988. Acusado de "transgressão grave", ficou preso por 15 dias. Recorreu ao Superior Tribunal Militar e foi inocentado por 8 a 4. Isso o tornou conhecido entre os seus pares e, em 1988, foi eleito vereador no Rio. Graças ao seu empenho por aumento do soldo da caserna, elegeu-se deputado federal em 1990 e, reeleito, permaneceu no cargo até 2018.

Durante a campanha presidencial, em debate dos candidatos na TV antes do suposto atentado em Juiz de Fora, Guilherme Boulos, do PSOL, indagou de Bolsonaro: "Quem é Wal?". Wal é Walderice Santos da Conceição, a Wal do Açaí, que vendia o fruto em Angra dos Reis (RJ), onde Bolsonaro tem casa. Mesmo morando no litoral fluminense, Wal recebia R$ 1,3 mil mensais como funcionária lotada no gabinete do deputado em Brasília. Seu marido, Edenilson, atuava como caseiro de Bolsonaro. Após a pergunta de Boulos, Wal se demitiu no dia seguinte...

Em 1999, já como deputado, Bolsonaro empregou em seu gabinete sua companheira Ana Cristina Valle, o pai e a irmã dela. Declarou que, por estar se divorciando, não praticava nepotismo. No mesmo ano, em programa de TV, disse que "no período da ditadura deviam ter fuzilado uns 30 mil corruptos, a começar pelo presidente Fernando Henrique".

Em 2014, foi processado pelo Conselho de Ética da Câmara dos Deputados após declarar que não estupraria uma deputada (Maria do Rosário, PT-RS), porque "é feia e não merece". Bolsonaro e seu filho Eduardo recebiam, como deputados federais, mais de R$ 6 mil de auxílio-moradia, mesmo tendo imóvel próprio em Brasília. Questionado, respondeu que utilizou o dinheiro "para comer gente".

Bolsonaro e seus três filhos parlamentares possuíam patrimônio, em 2018, de cerca de R$ 6 milhões, declarados à Justiça Eleitoral. Tinham R$ 1,6 milhão em 2010 e R$ 3,3 milhões em 2014.

Em 29 de outubro de 2018, *O Estado de S. Paulo* publicou editorial intitulado *Salto no escuro*. Diz o texto: "Se há um ano alguém dissesse que Jair Bolsonaro tinha alguma chance de se eleger presidente da República, provavelmente seria ridicularizado. Até pouco tempo atrás, o ex-capitão do Exército era apenas um candidato folclórico, desses que de tempos em tempos aparecem para causar constrangimentos nas campanhas — papel cumprido mais recentemente pelo palhaço Tiririca (...).[3] Pois a 'tiriricarização' da política atingiu seu ápice com a escolha de um presidente da República que muitos de seus próprios eleitores consideram completamente despreparado para chefiar o governo e o Estado".

"A explicação mais óbvia para tal fenômeno é que os eleitores escolheram Bolsonaro porque este se apresentou como a antítese raivosa do lulopetismo. A ânsia de repudiar

---

3. Tiririca, pseudônimo artístico de Francisco Everaldo Oliveira Silva, humorista, compositor e cantor. Candidatou-se como antipolítico e foi eleito pelo PR-SP, com expressivas votações, deputado federal em 2010, 2014 e 2018.

tudo que o PT e Lula da Silva representavam superou qualquer outra consideração de caráter político. (...)"

"Bolsonaro tornou-se célebre por exaltar a ditadura militar e a tortura, por declarações desairosas sobre mulheres, negros e homossexuais, e por menosprezar as instituições democráticas. (...)"

"Eleito, Jair Bolsonaro terá de reconhecer que há uma grande diferença entre fazer campanha eleitoral e administrar um país — especialmente em meio a uma das mais graves crises da história. O problema é que ninguém sabe quais são as ideias do presidente eleito, admitindo-se que ele as tem."

(...)

"Ou seja, o eleitor escolheu Bolsonaro sem ter a mais remota ideia do que ele fará quando estiver na cadeira presidencial. Não é um bom augúrio, justamente no momento em que o País mais precisa de clareza, competência e liderança."

ATO FALHO OU
DESPREZO PELOS POBRES?

Começou mal o governo Bolsonaro. Na cerimônia de posse, a 1º de janeiro de 2019, em Brasília, compareceram 150 mil pessoas, e não as 500 mil esperadas. O esquema de segurança foi excessivamente rigoroso. Nem água as pessoas foram autorizadas a portar, apesar do intenso calor. Muitos desmaiaram, e não funcionou o prometido fornecimento de água potável pelo poder público.

Nos discursos de posse, o eleito não fez qualquer referência a dois problemas que afetavam duramente o Brasil: o desemprego de mais de 12 milhões de cidadãos e o sucateamento do sistema público de Saúde. Preferiu retomar seu discurso anticomunista de campanha ao prometer "libertar o país do socialismo"... Talvez seja ignorância minha, mas nunca me dei conta de que há ou houve socialismo no Brasil.

Referiu-se ainda à "defesa da família" e à "tradição judaico-cristã" do Brasil. Como diz Ancelmo Gois, com todo respeito é bom lembrar que o nosso país nunca teve tradição judaica. Cristã, sim. Mas como se fez presente na posse o primeiro-ministro de Israel, Benjamin Netanyahu, a quem Bolsonaro se mostra subserviente, se explica a gafe de um presidente que prometeu cumprir a Constituição que reza ser o Brasil um país laico.

Disse ainda que "é urgente acabar com a ideologia que defende bandidos e criminaliza policiais, que levou o Brasil a viver o aumento dos índices de violência e do poder do crime organizado, que tira vidas de inocentes, destrói famílias e leva a insegurança a todos os lugares".[4]

Ao empunhar uma bandeira do Brasil, declarou-se disposto a derramar "o nosso sangue para mantê-la verde e amarela".

Na mesma noite da posse, o *Diário Oficial* transferiu a Funai do Ministério do Meio Ambiente para o da Agricultura, como parte da estratégia de pôr um fim à demarcação das terras indígenas.

A mídia recebeu um tratamento típico de quem odeia imprensa livre. Os jornalistas designados para cobrir a posse foram obrigados a chegar ao CCBB (Centro Cultural Banco do Brasil), sede do gabinete de transição, às 7h. Isso valia inclusive para os repórteres que cobririam o coquetel oferecido pelo Itamaraty, marcado para ter início às 19h, 12 horas depois! Os representantes da China e da França, indignados, se retiraram em protesto.

No Salão Verde da Câmara dos Deputados, os jornalistas tiveram de sentar no chão... Para ingressar na área em que Bolsonaro passaria, todos foram submetidos a rigorosa revista. Maçãs e garrafas de água mineral ficaram proibidas, pois poderiam ser atiradas no presidente... No entanto, notebooks, bem mais pesados, puderam passar.

---

4. *O Globo*, 02/01/2019, p. 6.

No Salão Branco do Congresso, conhecido como "chapelaria", até o uso do banheiro foi restringido. Quem necessitava usá-lo tinha que se programar. E após 13h foi proibido beber água e usar o banheiro, porque autoridades passariam por ali.

Para decepção de novo presidente, Trump não compareceu. Enviou seu Secretário de Estado, Mike Pompeo.

No parlatório do Palácio do Planalto, Bolsonaro leu o discurso. A versão original do texto, distribuída previamente pela assessoria de transição do novo governo, continha a afirmação de que investimentos em educação poderiam atenuar as diferenças entre ricos e pobres no Brasil.

Nosso país é o 9º mais desigual do mundo e o primeiro na América Latina. Em 2018, segundo dados da Oxfam, a parcela de 1% mais rica da população se apropriava de mais de 25% da renda nacional. E a soma da riqueza dos 5% mais ricos era igual à soma da riqueza dos demais 95% da população.

Entre a população, 80% (ou 165 milhões de pessoas) sobreviviam com uma renda inferior a dois salários mínimos por mês (R$ 1.996). Os 10% mais ricos ficavam com 74% da riqueza nacional. E 50% da população (104 milhões de brasileiros) dividiam entre si 3% da riqueza do país. Além disso, o Brasil é o país mais violento do mundo. Em 2017 houve, aqui, 63.880 mil assassinatos. A principal causa da violência é a desigualdade social.

Eis a versão do texto entregue pela assessoria a Bolsonaro: "Pela primeira vez, o Brasil irá priorizar a educação básica, que é a que realmente transforma o presente e o futuro de nossos filhos e netos, diminuindo a desigualdade social".[5]

---

5. *Folha de S. Paulo*, 03/01/2019, p. A8.

O DIABO NA CORTE   31

Do alto do parlatório, na Praça dos Três Poderes, ele concluiu seu discurso na palavra "filhos". Omitiu a referência à redução da desigualdade social. E também ao discursar no Congresso não tocou no tema do combate à pobreza.

Assessores do presidente, questionados pela mídia, disseram ter sido um lapso. "Ele deve ter pulado, até porque seria bom fazer referência à desigualdade", tentou explicar o general Augusto Heleno. "Não é fácil ler discurso assim. De repente, as letras começam a embaralhar...", concluiu o militar.

Ora, Bolsonaro não trai o seu viés ideológico, que sabe ser real a desigualdade social, mas considera concessão ao "marxismo cultural" se referir a ela. Porque, segundo a lógica dessa ideologia, falar da desigualdade implica querer combatê-la. E para isso é preciso buscar as suas causas. E elas são óbvias: o sistema capitalista predatório que torna os ricos cada vez mais ricos e os pobres cada vez mais pobres.

Na abertura do Fórum Econômico Mundial, em Davos, em janeiro de 2019, a Oxfam noticiou que, em 2018, os mais ricos do mundo tiveram aumento de 12% em suas fortunas, enquanto os mais pobres diminuição de 11% em suas rendas. E a Cepal anunciou que a miséria cresce na América Latina nos últimos anos. Hoje, entre a pobreza e a miséria vivem 30% da população do continente, ou seja, 210 milhões de pessoas, o mesmo número de pessoas que o Brasil abriga.

Já que não se pretendia reduzir a desigualdade social, nem mesmo pela melhoria da educação ou aumento da oferta de emprego (tema também omitido pelo presidente), haveria que tentar dissimulá-la. Para tanto, há vários recursos ideológicos, já que não há milagre que faça desaparecer favelas, pedintes, moradores de rua, corpos caídos nas calçadas, enfim, os mais pobres que integram os 165 milhões de brasileiros que sobrevivem, a cada mês, com menos de dois salários mínimos.

O recurso mais utilizado para naturalizar a pobreza é o religioso. As coisas são assim porque Deus quer. Porém, quem vive conforme os preceitos da fé alcança a prosperidade. Basta trabalhar arduamente, deixar de fumar e beber, limitar o número de filhos (de preferência, o homem fazer vasectomia), e, se necessário, praticar o aborto induzido, conforme defende Edir Macedo, cuja Igreja Universal do Reino de Deus é a favor de sua descriminalização.

O importante, nesse viés ideológico, é aceitar que a riqueza é uma bênção divina e não se deve pretender reduzi-la através de políticas que propiciem distribuição de renda. E a pobreza é sinal de maldição...

Isso faz lembrar as pregações católicas na Colônia brasileira. Para que os escravos suportassem os maus-tratos, evocava-se Jesus crucificado, enquanto aos escravocratas se anunciava o Jesus manso e dócil de coração, para que, condoídos, abrissem o bolso em doações às obras eclesiásticas.

O único grande problema é que não se conhece povo que tenha suportado a desigualdade por longo tempo. Há um momento em que a ostentação dos ricos é vista pelos pobres como ofensa. Então, estes descobrem que são maioria e têm em mãos um poder que, até hoje, nenhuma força bélica foi capaz de superar.

IMPENSÁVEL VITÓRIA DE BOLSONARO

Ivo Lesbaupin, cientista político e assessor de movimentos pastorais e sociais, apresentou pertinente análise da vitória de Bolsonaro na reunião semestral do Grupo Emaús,[6] em Corrêas (RJ), no fim de semana de 9 a 11 de novembro de 2018, da qual participei. "O que explica a impensável vitória de Bolsonaro?", perguntou. Iniciou por examinar o papel das forças de direita:

"A primeira razão foi a inviabilização da principal liderança popular, única que, segundo pesquisas de opinião, seria capaz de vencer Bolsonaro: denúncia, processo, condenação e prisão de Lula, e proibição de candidatura. A segunda, o apoio da grande mídia, manifestado a partir do momento em que outro candidato de direita ficou inviável (Geraldo Alckmin, do PSDB). A grande mídia cuidou de esconder as fraquezas de Bolsonaro, protegê-lo de suas próprias falas e tratá-lo como candidato comum (e não

---

6. O Grupo Emaús, fundado em 1974, reúne teólogos, pastoralistas, cientistas políticos e sociais, e políticos profissionais, de diversas confissões cristãs, identificados com a proposta evangélica de "opção pelos pobres".

antidemocrático). A grande mídia e as instituições da Justiça (STF, sobretudo) são responsáveis por ele ter crescido, apesar de suas falas antidemocráticas e anticonstitucionais: em seu discurso, ao votar pelo *impeachment* de Dilma, defendeu o coronel Brilhante Ustra, notório torturador.[7] Nenhuma censura foi levantada contra ele, nenhum processo, nenhuma denúncia. No contexto da guerra contra Dilma, bater na ex-presidente era justo; a opção foi protegê-lo.

"Mais adiante, e logo antes das eleições, o STF o livrou da acusação de racismo em uma fala mais do que racista. Bolsonaro cresceu graças a esta proteção. Enquanto a grande mídia, em outros países, ataca a extrema-direita (na França, Le Pen, por exemplo), aqui ela o defendeu.

"O discurso antidemocrático de Bolsonaro, para a multidão de seguidores em São Paulo, não foi objeto de processo por nenhum órgão da Justiça, por nenhuma autoridade pública. É como se fosse um discurso comum de um candidato comum.

"Precisamos voltar mais atrás para entender o que aconteceu: como explicar que um candidato que defende abertamente a ditadura de 1964-1985 e a tortura, e tem como herói um torturador, pode ser valorizado, apoiado e eleito pela maioria de eleitores? A proteção da mídia, como já apontado, o tornou um candidato comum. Porém, o principal foi ressaltado no artigo de Eliane Brum, 'Esquerda,

---

7. Carlos Alberto Brilhante Ustra (1932-2015), coronel do Exército conhecido pelo codinome de "Dr. Tibiriçá", comandou o DOI-CODI do II Exército, na capital paulista, entre 1970-1974. Ali os presos políticos eram torturados e muitos morreram em consequência dos suplícios.

direita e o embargo da memória'.[8] Não houve no Brasil pós-1985 um esforço, por parte de nenhum governo, de investigar o que aconteceu na ditadura. No governo Lula, a Comissão de Mortos e Desaparecidos não teve apoio para funcionar; o governo não queria problemas com os militares. Quando da divulgação do PNDH 3 — Programa Nacional de Direitos Humanos — (2009), o governo cedeu à reação do ministro da Defesa — falando em nome das Forças Armadas —, que não queria Comissão da Verdade. Ao invés de agir como presidente e demitir os ministros desobedientes — que Lula havia nomeado —, preferiu ser condescendente. Depois desse recuo, começaram a aparecer, pela primeira vez, desde o fim da ditadura, artigos na mídia defendendo o regime militar: eles se sentiram fortes para ousar.

"Quando do julgamento da Lei da Anistia pelo STF (abril/2010), provocado pela OAB, que argumentava a inconstitucionalidade da lei, o ministro Eros Grau defendeu a sua constitucionalidade, seguido pela maioria dos ministros. O governo nada fez, antes, para sinalizar o absurdo de uma Lei de Anistia decretada pela própria ditadura em favor dos torturadores (1979). É o único país do mundo em que o torturador do regime militar não pode ser processado (pois foi anistiado). Até hoje, na Alemanha, se processam torturadores nazistas — mesmo que tenham mais de 90 anos. No direito internacional, a tortura é um crime imprescritível. Aqui, não.

---

8. Em: https://brasil.elpais.com/brasil/2018/02/26/opinion/1519658924_002382.html

"A presidente Dilma prometeu e cumpriu: instalou uma Comissão da Verdade, que trabalhou durante dois anos e entregou o relatório em dezembro de 2014. Foi o único período em que se tratou do passado da ditadura, mas a mídia não deu destaque. Depois de entregue o relatório, ele sumiu do noticiário.

"Em maio de 2016, na votação do impedimento de Dilma, quando Bolsonaro exaltou o torturador Brilhante Ustra, a mídia recebeu o discurso quase com alegria: qualquer coisa contra Dilma era bem-vinda, e o absurdo passou como se fosse digno.

"Pode-se imaginar, em qualquer país do mundo, um político homenagear um torturador como herói? Na Alemanha, na França, mesmo nos EUA? O que acontece lá quando alguém diz que foram mortos poucos judeus na Segunda Grande Guerra, e que deveriam ter matado mais?

"A maioria da população não viveu a ditadura militar, não conhece a história da ditadura. Tem uma vaga ideia de que foi um período de progresso, em que não havia violência nas ruas, havia ordem. O que houve de ruim, as prisões, torturas e assassinatos, é desconhecido. A falta de liberdade, a censura, a perseguição política, são desconhecidas. Tanto no Chile como na Argentina houve investigação sobre os crimes cometidos pelas respectivas ditaduras. A população conhece sua história. Na Argentina foram presos não só torturadores, mas também os mandantes, como o presidente Rafael Videla. Aqui, tanto uns como outros são homenageados. Reação dos órgãos públicos: nenhuma. Reação da mídia: leve.

O trabalho prévio feito pela mídia para desconstruir o PT foi fundamental. Mas foi enormemente potencializado pelo uso das redes sociais (Facebook, mas sobretudo o WhatsApp), com uma metodologia já vitoriosa na votação do Brexit (Inglaterra) e na eleição de Trump (EUA). Steve Bannon, diretor da empresa responsável por este trabalho virtual, teve papel fundamental nesta campanha e destronou os meios de comunicação tradicionais (rádio, jornais, TV). Foi nas redes que a máquina de produzir *fake news* transformou o candidato do PT em um monstro (monstro "moral" — incesto, kit gay, estupro etc. —, além de o acusarem de querer transformar o Brasil em uma Venezuela)."

Em seguida, Lesbaupin abordou a parcialidade da Operação Lava Jato:

"A Operação Lava Jato, que deveria ser uma ampla investigação sobre a corrupção no Brasil, se revelou uma operação contra o PT e suas lideranças: Dilma (para ser derrubada) e Lula (para ser impedido de concorrer). Um juiz de primeira instância[9] fez e desfez, tomou iniciativas irregulares e ilegais, e nenhuma instância superior se pronunciou: vazamentos, difusão pela mídia, divulgação de conversas de caráter sigiloso, prisões preventivas sem prazo, delações premiadas dirigidas, vazamentos seletivos de delações para a imprensa. Lula foi explicitamente perseguido, sem provas cabais, enquanto outras lideranças citadas e denunciadas com provas foram protegidas e defendidas pelos mesmos poderes. É um caso óbvio de justiça parcial. E os tribunais superiores não ousaram opor qualquer obstáculo.

---

9. Refere-se ao juiz Sergio Moro, que comandou a Operação Lava Jato e foi escolhido para ser o ministro da Justiça do governo Bolsonaro.

"Com o *impeachment* de Dilma, já não estávamos em um Estado Democrático de Direito, estávamos em um Estado de Exceção. O que o caracterizava não era a existência de um ditador, eram medidas de exceção tomadas dentro de um regime aparentemente democrático (liberdade de imprensa, liberdade de ir e vir, instituições formais da democracia). A lei deixou de ser um parâmetro incontornável.

"Houve, antes das eleições, invasões de quatro universidades públicas federais, supostamente para investigar improbidade de autoridades, uma das quais resultou na morte do reitor (UFSC).[10] Isto não é o normal em uma democracia. Têm ocorrido agressões, assassinatos e intimidação de lideranças indígenas e camponesas, de defensores de direitos humanos, sem quaisquer providências dos órgãos públicos.

"Cresceu no país o clima de ódio. Na verdade, alimentado pelo discurso de que as instituições políticas estão falhando com seu dever (permitindo a impunidade...). E estimulado pelo discurso de Bolsonaro.

"Agora, cabe examinar o papel da esquerda. Sabemos que o governo Lula fez uma série de políticas positivas: Bolsa Família; aumento real do salário mínimo; acesso à universidade; política de cotas; acesso ao consumo por parte de famílias pobres; ascensão de 30 milhões de pessoas

---

10. Luiz Carlos Cancellier de Olivo, reitor da Universidade Federal de Santa Catarina, foi afastado do cargo em setembro de 2017, acusado, em investigação da Polícia Federal, de desviar recursos dos programas de Educação a Distância, o que ele negou. A 2 de outubro de 2017 se atirou do alto de um shopping, em Florianópolis. No seu bolso se encontrou um bilhete: "Minha morte foi decretada no dia do meu afastamento da universidade".

saídas da miséria; política externa mais independente etc. Mas houve também opções políticas ruins: política econômica a serviço do capital financeiro (dívida pública — juros reais altos — lucros dos bancos); obras públicas e megaprojetos a serviço das empreiteiras; a construção de Belo Monte e demais hidrelétricas, em detrimento dos povos indígenas e ribeirinhos da Amazônia (dos rios Xingu, Tapajós e Madeira); o investimento no Plano de Aceleração do Crescimento (PAC); a submissão aos interesses do agronegócio e das multinacionais (a liberação do plantio de transgênicos, favorecendo os interesses da Monsanto e outras multinacionais).

"Os governos progressistas (Lula-Dilma) foram insensíveis à questão ambiental. Além disso, aderiram às privatizações (portos, aeroportos, rodovias, ferrovias, leilões de áreas de exploração do petróleo, pré-sal, política energética, setor privado de saúde e educação).

"O mais grave foi o abandono da preocupação com a ética na política, a fim de atender aos interesses de negociação com o Congresso. Este abandono será o principal fator do enfraquecimento/desmoralização das esquerdas no período pós-eleitoral de 2014. O que permitiu à Operação Lava Jato perseguir o PT foi a busca do partido de constituir maiorias no Congresso para ter 'governabilidade': é isto que explica, na sua raiz, o 'mensalão' e o 'petrolão'. Em vez de inaugurar uma nova forma de fazer política, de apelar aos movimentos sociais, de fazer uma reforma do sistema político, a opção foi abraçar a velha política, a política da barganha. Isto sempre foi feito pelos governos conservadores, não é nenhuma novidade. Mas o PT sempre havia lutado contra a corrupção: vide seu papel nas CPIs do PC[11] (1992) e do Orçamento (1993). E sua opção original era ser um partido diferente, estava no seu DNA. Graças a esta opção (fazer a política da barganha), o governo ficou vulnerável. Quando houve oportunidade, a direita se aproveitou. Mas teve a seu favor um grave erro do governo Dilma: o estelionato eleitoral do ajuste fiscal. Graças a esta opção, revelada no dia seguinte da vitória de 2014, os trabalhadores começaram a perder direitos (regras do seguro-desemprego, sobre as pensões etc.); recursos passaram a ser cortados para várias políticas; entramos em recessão; o desemprego cresceu; e os eleitores de Dilma, em vez de irem para as ruas defendê-la, ficaram em casa. Só foram para a rua os movimentos sociais organizados.

"A esquerda estava desmoralizada (campanha contra a corrupção), parte dos eleitores de Lula ficaram decepcionados (mesmo os que não acreditaram na narrativa da 'maior história de corrupção' no Brasil), e a política econômica de Dilma não podia ser defendida. Ficamos no mato sem cachorro.

"Qual o caminho escolhido pelos governos Lula-Dilma? Atender à demanda dos mais pobres, dos trabalhadores, mas sem deixar de atender aos interesses dos mais ricos. Foram feitas alianças amplas, inclusive com partidos mais à direita. Pouco a pouco, estas alianças incluíram os do outro lado: Sarney, Maluf, Collor. Resultado: nenhuma reforma estrutural foi feita, e as concessões aos grandes cresceram.

---

11. Refere-se a Paulo César Farias (1945-1996), acusado de corruptor no governo Collor. Foi assassinado em circunstâncias jamais esclarecidas.

A opção pela barganha tinha, como escolha implícita, não fazer reforma do sistema político. Em razão das alianças, não se fez a reforma agrária, não se fez reforma tributária — uma das principais causas da desigualdade social no país. Não se tentou nenhuma regulação dos meios de comunicação, para impedir o monopólio/oligopólio dos grandes grupos de mídia. Não se fortaleceram os trabalhadores e suas organizações, os movimentos sociais e sua capacidade de ação."

PERGUNTE À HISTÓRIA

Em conferências na Europa, me perguntaram como se explica eleitores brasileiros preferirem eleger presidente da República um homem notoriamente defensor da tortura, da homofobia, das milícias, do machismo e da ditadura. Como entender que a maioria tenha escolhido um candidato que considera mais importante armar a população do que reduzir a desigualdade social.

Por que os eleitores não preferiram Haddad, Alckmin, Meirelles, Ciro Gomes ou Álvaro Dias?

Minha resposta foi sempre "perguntem à história". A ela recorro. Como foi possível, após 15 anos de Estado Novo (1930-1945), um regime ditatorial de dura repressão, censura à imprensa e promulgação, em 1937, de uma Constituição fascista, conhecida como "polaca", Getúlio Vargas ter sido democraticamente eleito presidente da República nas eleições de 1950?

Como explicar que a nação de Kant, Beethoven, Bach, Goethe e Einstein tenha escolhido um austríaco racista e genocida, Adolf Hitler, para comandá-la? E a Itália de Dante Alighieri, Maquiavel, Da Vinci e Michelangelo, um fascista como Mussolini?

Eleitores nem sempre votam com a razão. Muitos votam com a emoção. Insatisfeitos com o atual estado de coisas, optam pelo extremo oposto na esperança de que, num passe de mágica, tudo venha a melhorar. Muitas vezes o voto não é propriamente a favor do candidato que amealha a preferência do eleitorado. É contra tudo que ele critica e promete combater, como na eleição de Jânio Quadros a presidente em 1960. Ao brandir como símbolo de sua campanha a vassoura, prometeu varrer a corrupção e os corruptos do Brasil... Idem Collor, em 1989, ao ostentar o título de "caçador de marajás".

Há boa dose de irracionalidade naqueles que votam contra isso ou aquilo, movidos pelo ódio e pela sede de vingança. Quanto mais demonizam os adversários, mais mitificam o candidato preferido, como se a política prescindisse de instituições democráticas e dependesse apenas da vontade pessoal do eleito. Esses eleitores não votam a favor de um projeto de nação e propostas consistentes, e sim contra aqueles que, na opinião do avatar escolhido, representam o mal.

No Brasil, a redução do tempo de campanha política, as restrições a comícios e propagandas eleitorais impedem que as candidaturas favoreçam a educação eleitoral e política. Assim, o clima de revanche tende a suplantar a reflexão cívica, o debate democrático, a avaliação dos candidatos e de suas propostas.

Perguntem à história quem ganha eleições, e ela certamente responderá que não são necessariamente os melhores, mas aqueles capazes de servir de ímã às insatisfações e frustrações da população. Em países em crise, e cuja nação carece de consciência histórica, os eleitores não buscam solução, buscam salvação. Já não são um povo, formam uma massa.

"A massa é extraordinariamente influenciável, crédula, acrítica; o improvável não existe para ela. Pensa em imagens que evocam umas às outras associativamente, como no indivíduo em estado de livre devaneio, e que não têm sua coincidência com a realidade medida por instância razoável. Os sentimentos da massa são sempre muito simples e exaltados. Ela não conhece dúvida, nem incerteza. Vai prontamente a extremos; a suspeita exteriorizada se transforma de imediato em certeza indiscutível; um germe de antipatia se torna ódio selvagem.

"Quem quiser influir sobre ela não necessita medir logicamente os argumentos; deve pintar com imagens mais fortes, exagerar e sempre repetir a mesma fala. Como a massa não tem dúvidas quanto ao que é verdadeiro ou falso, e tem consciência da sua enorme força, ela é, ao mesmo tempo, intolerante e crente na autoridade. Respeita a força, e se deixa influenciar apenas moderadamente pela bondade, para ela uma espécie de fraqueza. O que exige de seus heróis é fortaleza, até mesmo violência. Quer ser dominada e oprimida, quer temer os seus senhores. No fundo, inteiramente conservadora, tem profunda aversão a todos os progressos e inovações, e ilimitada reverência pela tradição" (Freud, *Psicologia das massas e análise do eu* — 1921).

SUSPEITA DE CORRUPÇÃO NA FAMÍLIA BOLSONARO

A 6 de dezembro de 2018, poucos dias antes da diplomação de Jair Bolsonaro como futuro presidente da República — quando o eleito enfatizou: "sempre me pautei pela defesa dos valores da família" —, saiu a denúncia de que a futura primeira-dama, Michelle Bolsonaro, recebera, entre 2016 e 2017, um cheque de R$ 24 mil. Seriam esses os "valores da família"?

O generoso cheque foi depositado por Fabrício José Carlos de Queiroz, funcionário do gabinete do então deputado estadual no Rio, Flávio Bolsonaro (PSL-RJ). Queiroz, motorista de Flávio, é velho amigo da família do presidente, com quem costumava pescar, e sua mulher e filhos trabalharam nos gabinetes dos Bolsonaro. Este e o motorista se conhecem desde a década de 1980, quando ambos eram do Exército. Jair Bolsonaro declarou que o dinheiro ingressado na conta da esposa — omitido em sua declaração de Imposto de Renda — representa o pagamento parcial de um empréstimo de R$ 40 mil feito por ele a Queiroz. E que o dinheiro só não foi remetido à conta dele, Jair, porque "não tem tempo de ir ao banco...".

Curiosa a alegação, já que, após o primeiro turno da eleição, Bolsonaro duas vezes se deixou fotografar em caixas eletrônicos.

Em vídeo na Web, em 12 de dezembro de 2018, Bolsonaro declarou: "Dói no coração da gente? Dói, porque o que nós temos de mais firme é o combate à corrupção". E frisou: "Deixo bem claro que eu não sou investigado, meu filho Flávio não é investigado, e pelo que consta esse ex-assessor será ouvido pela Justiça. O que a gente mais quer é que seja esclarecido o mais rápido possível e sejam apuradas as responsabilidades".

O ministro da Casa Civil, Onyx Lorenzoni, perdeu as estribeiras quando indagado sobre o caso. Rogou à mídia "uma trégua" e que deixasse o caso pra lá.[12] Sergio Moro também se esquivou da indagação e encerrou uma entrevista. Mas como o vice-presidente eleito, general Mourão, declarou apoiar uma investigação, Moro se manifestou também favorável. Segundo Mourão, o motorista "precisa dizer de onde saiu o dinheiro". E frisou na revista online *Crusoé*: "Esse cara tem que vir a público e dizer. Ou ele admite: 'Não, isso era um esquema meu, porque eu arrumei emprego para esse povo todo aqui e eles me pagaram', ou ele declara que a culpa é do Flávio".

Quem descobriu toda a maracutaia foi o Coaf — atual UIF (Unidade de Inteligência Financeira), agora vinculada ao Banco Central[13] —, criado no Ministério da Fazenda, em

---

12. *Carta Capital*, 19/12/2018, p. 22.
13. Em agosto de 2019, Bolsonaro decidiu mudar o nome do Coaf (Controle de Atividades Financeiras) para UIF (Unidade de Inteligência Financeira).

O DIABO NA CORTE

1998, para reforçar o combate à lavagem de dinheiro. Em janeiro de 2018, examinou a conta do motorista mantida em uma agência do Itaú, no Rio. O banco havia informado ao Coaf estranhar o vaivém de valores na conta de Queiroz, incompatíveis com a renda dele. De 1º de janeiro de 2016 a 31 de janeiro de 2017, a conta movimentou R$ 1,2 milhão. Sacou-se dela mais grana na boca do caixa (R$ 324 mil) do que o gasto com pagamento de títulos (R$ 101,5 mil) e cheques (R$ 41,9 mil).

Dos R$ 1,2 milhão na conta, entraram R$ 605,5 mil, dos quais apenas R$ 81,7 mil concernentes a salários. Ou seja, como assessor de Flávio Bolsonaro na Assembleia Legislativa do Rio, Queiroz recebia uma média de R$ 6,2 mil por mês. Na época, ele era policial militar e tinha renda mensal de R$ 24 mil. Os vencimentos na PM não caíam na conta do Itaú. Entre os depósitos feitos nesta conta, ele recebeu, em dinheiro, R$ 216,4 mil. E mais R$ 277,2 mil em transferências bancárias. Examinados os DOCs e TEDs, constatou-se que a maioria provinha de funcionários de Flávio Bolsonaro na Assembleia Legislativa. Entre os depositantes aparece Marcia Oliveira de Queiroz, mulher do ex-PM. Ela depositou R$ 37,1 mil em parcelas. E tinha salário mensal de R$ 12,7 mil. Outro depositante era a filha do casal, Nathália Melo de Queiroz, que, após trabalhar no gabinete de Flávio, no Rio, foi nomeada para o gabinete do pai dele em Brasília. Nathália recebia R$ 10,5 mil mensais e fez vários depósitos no total de R$ 86,3 mil.

Muitos depósitos foram feitos no mesmo dia de pagamento de salário na Assembleia do Rio ou até três dias depois. Seguiram idêntico padrão 34 das 59 operações financeiras investigadas. As demais ocorreram em até uma semana.

Também trabalhavam no gabinete do deputado Flávio Bolsonaro, por indicação de Queiroz, sua enteada, Evelyn Mayara de Aguiar Gerbatim, 21 anos, e o ex-marido de sua atual mulher, Márcio da Silva Gerbatim. Evelyn foi nomeada assessora parlamentar em 31 de agosto de 2017 para ocupar a vaga da mãe, Márcia Aguiar, mulher de Queiroz, que integrava o gabinete do deputado Flávio Bolsonaro entre março de 2007 e setembro de 2017. A enteada de Queiroz recebeu, em outubro de 2018, salário líquido de R$ 7.549,75.

A família Bolsonaro embolsava parte do salário de seus servidores? O relatório do Coaf sobre Queiroz foi resultado da Operação Furna da Onça, investigação do "mensalinho" pago a deputados estaduais do Rio por Jorge Picciani, do MDB, e que prendeu preventivamente sete deputados. As prisões ocorreram a 8 de novembro de 2018, e eles foram libertados, por decisão da Assembleia Legislativa, em outubro de 2019. As prisões foram solicitadas pelo Ministério Público Federal em 16 de outubro de 2018. Um dia antes de o pedido do MPF ser despachado à Justiça, Queiroz tratou de se demitir do gabinete de Flávio Bolsonaro, e a filha Nathália foi exonerada do gabinete de Jair Bolsonaro em Brasília. Presume-se que houve vazamento da operação.

Na noite de 12 de dezembro de 2018, Jair Bolsonaro afirmou em transmissão ao vivo pelo Facebook: "Se algo estiver errado comigo, meu filho ou o Queiroz, que paguemos a conta desse erro. Não podemos comungar com erro de ninguém".[14]

---

14. *O Globo*, 13/12/2018, p. 4.

O DIABO NA CORTE

Em 13 de dezembro, o deputado Flávio Bolsonaro publicou nas redes digitais: "Mantenho nossa coerência de sempre, não existe passar a mão na cabeça de quem errou. Não fiz nada de errado, sou o maior interessado em que tudo se esclareça pra ontem, mas não posso me pronunciar sobre algo que não sei o que é, envolvendo meu ex-assessor".[15] E acrescentou que seu ex-assessor não movimentou R$ 1,2 milhão, mas a metade, R$ 600 mil.

Na mesma data, o vice-presidente eleito, general Hamilton Mourão, declarou que Jair Bolsonaro deveria ter falado antes sobre a movimentação bancária do motorista Fabrício Queiroz: "Ele demorou a falar. Podia ter falado antes. Esperou aumentar a pressão. Mas acho que falou bem".[16]

Na quarta, 26 de dezembro, Fabrício de Queiroz deu entrevista exclusiva ao canal SBT, na qual declarou que sua movimentação financeira de R$ 1,2 milhão nada tinha a ver com o gabinete de Flávio Bolsonaro: "Eu sou um cara de negócios, eu faço dinheiro, compro, revendo, compro, revendo, compro carro, revendo carro. Sempre fui assim, gosto muito de comprar carro de seguradora. Na minha época lá atrás, comprava um carrinho, mandava arrumar, revendia".[17]

Contudo, não explicou por que recebeu tantos depósitos de assessores de Flávio em sua conta, nem a origem do dinheiro. Prometeu esclarecer tudo ao Ministério Público. "Meu problema é meu problema, não tem a ver com o Flávio Bolsonaro. Não tem a ver com ninguém. Eu vou

---

15. *O Globo*, 14/12/2018, p. 4.
16. Idem.
17. *O Globo*, 27/12/2018, p. 4.

responder pelos meus atos. Eu sou o problema, não eles" (os Bolsonaro). E jurou: "Eu não sou laranja".

Queiroz se esquivou duas vezes de depor perante o Ministério Público, nos dias 19 e 21 de dezembro de 2018, alegando razões de saúde. Disse ter bursite em um dos ombros e câncer no intestino.

Em dezembro de 2018, foi operado no Hospital Albert Einstein, de São Paulo, um dos mais caros do país. Na virada daquele ano, viralizou nas redes digitais um vídeo com Queiroz e filhas dançando alegres no quarto do hospital...

Na quinta, 17 de janeiro de 2019, a pedido de Flávio Bolsonaro, o ministro Luiz Fux, do STF, suspendeu a investigação criminal contra o gabinete do filho do presidente e seu ex-assessor, Fabrício Queiroz. Diplomado senador, Flávio alegou o direito de contar com foro especial, embora na campanha eleitoral seu pai tenha criticado duramente o recurso a este privilégio. Ao tomar essa iniciativa, Flávio deu um tiro no pé. Admitiu estar envolvido com as maracutaias de Queiroz e temer as investigações.

Em julho de 2019, o presidente do STF, ministro Dias Toffoli, também suspendeu, a pedido da defesa de Flávio Bolsonaro, as investigações baseadas em dados do Coaf que tenham sido compartilhados sem prévia autorização do Judiciário, o que beneficiou o senador suspeito. Esta medida, no entanto, foi revertida pela maioria dos ministros do STF na última semana de novembro de 2019.

MULTA

Em 2012, Jair Bolsonaro foi multado em R$ 10 mil pelo Ibama por pesca ilegal na Estação Ecológica de Tamoios, em Angra dos Reis (RJ). Dez dias antes da posse como presidente, retiraram o nome dele da lista de devedores da União. Os dois recursos que ele apresentou haviam sido recusados pelo Ibama. Porém, a AGU, ao anular a multa, alegou que ele não teve direito a ampla defesa e que os julgamentos do Ibama "não analisam os argumentos das peças defensivas e não fundamentam os indeferimentos".

Embora Bolsonaro tenha sido fotografado pela fiscalização na Estação Tamoios, a defesa dele protocolou, em 22 de março de 2012, alegação de que no mesmo dia, hora e local da infração, ele decolava do aeroporto Santos Dumont...

NEPOTISMO

Enfim, o famoso "jeitinho brasileiro" não cessou no governo Bolsonaro. Um dia depois da posse do novo presidente do Banco do Brasil, Rubem Novaes, Antonio Hamilton Rossel Mourão, filho do general Mourão, vice-presidente da República, foi nomeado para o cargo de assessor especial da presidência do banco. Seu salário saltou de R\$ 14 mil para R\$ 36,5 mil.

O IDEÓLOGO

O autodenominado filósofo Olavo de Carvalho, outrora astrólogo de profissão, inclusive com anúncios de consultas em jornais, indicou dois ministros ao governo Bolsonaro: o das Relações Exteriores e o da Educação. Como assinalou o colunista de *O Globo*, Bernardo Mello Franco, "talvez seja o caso de adaptar um lema de outros tempos: 'Chega de intermediários. Olavo para presidente'".[18]

Em entrevista a Natália Portinari, de *O Globo*,[19] Olavo de Carvalho contou que conversou com Bolsonaro "três vezes. Eles (Bolsonaro e filhos) leem as coisas que eu escrevo e levam a sério", afirmou (não sei se em tom de ironia...).[20] E arrematou ao ouvido da repórter: "Eu sou irresistível. Daqui a pouco você vai estar apaixonada por mim". Disse ainda a propósito de quem indicou para a pasta da Educação: "Vélez Rodríguez é o (acadêmico) que mais conhece o pensamento brasileiro, no Brasil e no mundo".

---

18. *O Globo*, 23/11/2018.

19. 23/11/2018.

20. Em carta aberta, filha de Olavo de Carvalho acusa o pai de "colocar arma na cabeça dos seus filhos" https://www.diariodocentrodomundo.com.br/essencial/em-carta-aberta-devastadora-filha-de-olavo-de-carvalho-acusa-o--pai-de-colocar-arma-na-cabeca-dos-seus-filhos/

Bolsonaro chegou a citar Olavo de Carvalho como possível ministro da Educação, mas o "filósofo" mora nos EUA e rejeitou a ideia de se tornar "funcionário público", disse o presidente. Então, a preferência recaiu sobre Vélez Rodríguez, que aos olhos de Bolsonaro correspondia ao perfil ideal de ministro da Educação, "alguém que chegue com um lança-chamas e toque fogo no Paulo Freire".[21]

Vélez durou pouco à frente da pasta da Educação. Foi demitido no início de abril de 2019. Para seu lugar, Bolsonaro nomeou outro devoto de Olavo de Carvalho: Abraham Weintraub.

Olavo de Carvalho e eu[22]

Em maio de 2004, Olavo de Carvalho dedicou-me um artigo, publicado em jornal de Pernambuco, intitulado "A missa do Anticristo".[23] Após três parágrafos introdutórios, escreveu: "Conheço um jornalista que há vinte anos não faz senão cortejar militares e, de vez em quando, ainda tem a cara de pau de lançar sobre alguém a pecha de 'vivandeira de quartel'. Quem o ouve, tem a impressão de estar diante de um antimilitarista inflamado, sem notar que ele está

---

21. *Época* n. 1070, 07/01/2019, p. 66.
22. Atento ao conselho que me foi dado por meu amigo e inspirador Alceu Amoroso Lima (Tristão de Athayde), nunca me defendo de ataques pessoais. O que me traz profunda paz de espírito. Porém, considero importante aclarar aqui o caráter de Olavo de Carvalho, guru do governo Bolsonaro.
23. Jornal *Viver Notícias*, edição n. 5, ano I, p. 2, Seção Opinião, Limoeiro (PE).

O DIABO NA CORTE

apenas fazendo uso da receita leninista para o trato com os inimigos: 'Xingue-os do que você é'.

"Mas ninguém supera nessa prática o tal 'Frei Betto' (entre aspas porque é frei como os fazendeiros do Nordeste eram coronéis). Nos seus escritos, o tom homilético e o apelo convencional aos bons sentimentos — 'fraternidade', 'paz', 'amor' — denotam seu intuito de ser ouvido como autoridade sacerdotal. A encenação é reforçada pelo apelido, que o público iludido toma como emblema de uma condição eclesiástica ao menos informal. Mas o sr. Betto não é sacerdote,[24] não é frade,[25] não é sequer um membro leigo da Igreja.[26] Cortesão de Fidel Castro, corredator da constituição cubana,[27] um dos responsáveis pela longevidade de uma ditadura anticristã, ele incorreu na penalidade de excomunhão automática destinada aos colaboradores de regimes comunistas por um decreto assinado sucessivamente por dois papas, Pio XII e João XXIII. Está, literalmente, fora da Igreja.[28] Continuar a assinar-se 'Frei', depois disso, é sobrepor aos mandamentos de Cristo uma presunção vaidosa

---

24. Verdade. Não abracei o sacerdócio por opção vocacional.

25. Mentira. Sou frade da Ordem Dominicana há mais de meio século, na qual ingressei em 1965.

26. Mentira. Sou considerado, canonicamente, irmão leigo.

27. Sem comentários...

28. O autor, felizmente, não ocupa nenhuma função na hierarquia católica e, portanto, carece de autoridade para me excluir da Igreja, com a qual vivo em comunhão sem jamais ter sofrido qualquer penalidade. Ao contrário, fui dirigente nacional da Ação Católica Brasileira (1962-1964), às expensas da CNBB; assessorei, ao longo de sete anos (1984-1991), a conferência episcopal de Cuba no diálogo Igreja Católica-Governo; e fui recebido pelo papa Francisco, no Vaticano, a 9 de abril de 2014.

(ou publicitária) cuja origem na *hubris* (sic) demoníaca não poderia ser mais evidente. Leitor e discípulo de Antonio Gramsci, o sujeito levou ao pé da letra a lição do mestre que ensinava a não combater a Igreja Católica, mas verter fora o seu conteúdo espiritual e utilizar-lhe a casca vazia como canal para a propaganda comunista."

Frente às diatribes escritas por Olavo de Carvalho, quatro advogados da OAB de Pernambuco decidiram processar o articulista em minha defesa e me solicitaram o endereço dele para que a Justiça pudesse citá-lo. Indaguei de um colunista de *O Globo* se por acaso seria possível obter a informação na administração do jornal, e essa minha solicitação chegou aos ouvidos de Olavo de Carvalho. No entanto, não me interessei em levar o processo adiante.

Em setembro do mesmo ano de 2004, o suposto filósofo voltou a disparar sua bateria contra mim, desta vez em *O Globo*, jornal do qual fui colunista anos, em sua crônica intitulada "Quem quer a verdade?"[29] Eis o início: "Desde que o senhor Frei Betto tentou obter da administração do Globo o meu endereço pessoal, um assistente meu tem recebido misteriosas ligações, com número bloqueado, de alguém que diz ter urgência de me encontrar mas, solicitado a declarar seu nome e a cidade de onde fala, desliga o telefone. Não sei se os dois fatos têm alguma ligação entre si.[30] Mas uma coisa é certa: o consultor da Presidência para assuntos celestes e infernais[31] preferiu se fazer de

---

29. *O Globo*, 04/09/2004, Caderno A, p. 7-B.

30. Sem comentários...

31. Na época, eu era assessor especial do presidente Lula para a Mobilização Social do Programa Fome Zero, função que ocupei em 2003 e 2004.

O DIABO NA CORTE

surdo ante a minha oferta de enviar-lhe pessoalmente meu endereço caso o pedisse por e-mail, e essa reação só pode ser interpretada de duas maneiras: ou ele desistiu de obter por via simples o que tentara obter por via complicada, ou prefere colher suas informações sem dar na vista. Tudo isso é muito esquisito, sobretudo não só porque continua no ar o site pornográfico com o nome dele, que encontrei na internet, mas ainda apareceram mais dois: *www.sex-11.biz/frei-betto* e *www.frei-betto.lubie-zaea.com*. São páginas comerciais, pagas, e uma delas anuncia: 'All about Frei Betto. See this now'. Que palhaçada é essa? Por que o senhor Frei Betto não manda investigar isso, em vez de ficar sondando, pelas costas, a vida de quem sempre lhe disse a verdade com toda a franqueza?".

Obcecado pela ideia de que eu o perseguia — e quem sabe tal alucinação o levou a deixar o Brasil para morar nos EUA —, Olavo de Carvalho ainda me mencionou em suas crônicas em *O Globo*, nas datas de 14/08/2004 e 11/09/2004.

Em setembro de 2004, jornalistas de *O Globo* me sugeriram escrever um artigo em resposta ao direitista fundamentalista. Evoquei o conselho de Alceu Amoroso Lima. Porém, decidi remeter este e-mail ao jornal, publicado, a 10 de setembro de 2004, na seção *Cartas dos Leitores*, sob o título "Artigos de Olavo": "Convido o jornal a uma reflexão sobre a prática que se tem tornado rotineira nos artigos de Olavo de Carvalho. Fossem apenas as opiniões do sr. Olavo, nenhuma objeção. É legítimo. É direito assegurado pelo jornal com base na Constituição do país. O problema é que, de forma reincidente, ele levanta calúnias contra a minha pessoa e, em estilo literário duvidoso, ventila inverdades. E sobre isso não posso nem quero calar. Em seu último artigo ("Quem quer a verdade?", 4/9), o sr. Olavo levanta suspeitas sobre uma suposta perseguição minha contra ele, e ainda me acusa de ser complacente com sites pornográficos que estariam usando meu nome. Isso já é demais! O sr. Olavo não merece resposta. Mas os leitores, sim. Estes merecem informação e opinião respeitosas e de qualidade. Igualmente sou colaborador deste diário e não me furto de manter uma postura de respeito ao leitor em minhas opiniões, mesmo sabendo que nem todos concordarão comigo".

STEVE BANNON E
AS REDES DIGITAIS

A campanha eleitoral de Bolsonaro foi assessorada por Steve Bannon, ex-assessor de Donald Trump, presidente dos Estados Unidos, e líder do *The Movement* (O Movimento), entidade fundada em Bruxelas, em 2017, que promove o populismo de direita no mundo e prega a xenofobia e a perpetuação do capitalismo.

Bannon teve papel de destaque na campanha de Trump. Fundou a Cambridge Analytica, cuja filial em Londres já interveio ilegalmente em mais de 200 processos eleitorais pelo mundo.

Segundo a Agência Reuters[32], Bannon participou da campanha de Bolsonaro a partir de agosto de 2018, após se encontrar, em Nova York, com o deputado Eduardo Bolsonaro, o filho do presidente que apregoa, em alto e bom som, que "adoraria que existisse a prisão perpétua no Brasil".[33] "Bannon se dispôs a ajudar", declarou Eduardo.

---

32. Cf. https://www.reuters.com/article/us-brazil-election-bannon/steve-bannon-endorses-far-night-brazilian-presidencial-candidate-idUSKCN1N01S1
33. *Folha de S. Paulo*, 15/12/2018, p. A18.

"Nos apoiará com conselhos na Internet, algumas análises, interpretação de dados, essas coisas", acrescentou o parlamentar.

Em entrevista à repórter Patrícia Campos Mello[34], da *Folha de S. Paulo*, Bannon admitiu que a manipulação das mídias digitais foram fundamentais para a vitória de Bolsonaro: "Se não fosse pelo Facebook, Twitter e outras mídias sociais, teria sido cem vezes mais difícil para o populismo ascender, porque não conseguiríamos ultrapassar a barreira do aparato da mídia tradicional. Trump conseguiu fazer isso, Salvini[35] e Bolsonaro também".

Todo o Ocidente é, hoje, colonizado pelas corporações digitais. Elas sabem o que pensamos e de que gostamos. Não por acaso o valor de mercado da Apple e da Amazon já chega a 1 trilhão de dólares cada uma! Somadas, mais que o PIB brasileiro de 2018, que foi de 1,7 trilhão de dólares.

Tal concentração de poder não ocorre em nenhuma outra esfera da atividade humana. E pouco nos importamos com isso, já que os recursos que nos oferecem são úteis e confortáveis.

Segundo o Fórum Econômico Mundial, entre os 20 gigantes da economia digital não aparece nenhuma empresa europeia. As cinco maiores são "made in USA": Apple, Amazon, Alphabet (Google), Microsoft e Facebook. Os sexto e sétimo lugares são ocupados por duas gigantes chinesas, a Alibaba e a Tencent.

---

34. *Folha de S. Paulo*, 29/10/2018, p. A40
35. Matteo Salvini, ministro do Interior da Itália, em 2018.

Todas essas empresas investem pesadamente em inovação tecnológica e, em especial, em Inteligência Artificial. Putin declarou, em 2017, que o país que se tornar líder em IA "será o dono do mundo".

É no Vale do Silício, na Califórnia (EUA), que se urde a estratégia capitalista de manipular emoções e eleições, como fez a empresa britânica Cambridge Analytica com dados do Facebook, e os *bots* russos (contas falsas que atuam automaticamente) nas eleições de Trump e Bolsonaro, e no referendo sobre o Brexit.

Todas essas poderosas empresas nos oferecem cada vez mais entretenimento e menos cultura, mais informação e menos conhecimento. Cultura é o que enriquece a nossa consciência e o nosso espírito. O entretenimento "fala" aos cinco sentidos e, em geral, carece de valores. Nele os "valores" são a exacerbação do individualismo, a competitividade, o consumismo e o hedonismo, regados a boa dose de magia e violência.

Quanto mais a hegemonia ideológica é controlada por esse oligopólio digital, e as finanças pelas grandes corporações bancárias e instituições como o FMI, menos democracia há no mundo. Tudo conspira para que aceitemos a proposta do sistema, trocar liberdade por segurança. Na ótica do sistema, basta olhar em volta para constatar que tudo respira violência: o noticiário da TV, novelas e filmes; memes na internet e mensagens no Facebook; a criminalidade nas ruas e a permanente insegurança do cidadão. Então, sugere a mensagem subliminar, entregue-se a quem chuta o pau da barraca da tolerância e das convenções de direitos humanos e você viverá em um mundo seguro, onde nada nem ninguém haverá de ameaçá-lo.

Como a base do sistema é o consumismo compulsivo, os oligopólios põem a funcionar seus algoritmos para saber como você se identifica com milhões de pessoas na busca de determinado produto. Se você está gripado e comunica isso a amigos em sua rede digital, e outros respondem que também têm gripe, e as palavras 'gripe', 'resfriado', 'tosse' se multiplicam por milhões na Web, os oligopólios captam essa informação e a repassam a laboratórios e farmácias que, por sua vez, aumentam a propaganda e os preços de medicamentos na região em que foi detectada a epidemia de gripe. O mercado, sim, é capaz de lhe assegurar bem--estar e felicidade...

Quando você abre o Google para fazer uma pesquisa, inúmeros anúncios aparecem, pois são eles que sustentam o poderoso oligopólio. Na busca de, por exemplo, "Como viajar para a Amazônia", aparecem inúmeras informações e, no fim da página, a sequência numeral indicando que há outras contendo mais dicas. Qual o critério para uma informação figurar na primeira página? Pagar por isso! Em geral a resposta à sua busca virá na primeira página e na forma de pacotes turísticos e agências de viagens.

Os gigantes digitais moldam o mundo à imagem e semelhança do que há de mais sagrado para o sistema, o mercado e seus astronômicos lucros apropriados pela seleta seita dos bruxos que transformam informação virtual em dinheiro real... e votos!

Bolsonaro soube montar poderosa cibertropa monitorada por indivíduos com experiência militar, e especialistas em manipulação da opinião pública. Grandes empresas que atuam em comunicação digital foram contratadas para intervir nas redes sociais durante o processo eleitoral de 2018.

O termo cibertropas (*cybertroops*) foi conceituado, em 2017, pelo Oxford Internet Institute como "a ação nas redes de grupos de contas falsas, robôs e/ou trolls organizados — alugados ou não — cujo objetivo é produzir algum efeito na opinião pública na veiculação de informação ou na perseguição de opiniões críticas".[36]

Esses sistemas complexos funcionam de forma atomizada e não têm necessariamente contatos uns com os outros, embora suas atividades sejam coordenadas e obedeçam a uma agenda comum. Para obter êxito necessitam da articulação de três fatores: redes digitais (indivíduos relacionados); forte motivação; e plataformas sociais. Assim, a mentira se transforma em argumento convincente para minar o processo democrático.

Exemplo é a imagem de Fidel Castro, captada pelo fotógrafo John Duprey, quando o líder cubano visitou a Universidade de Colúmbia, nos EUA, em 1959. Esta imagem, viralizada nas redes durante a campanha eleitoral brasileira, em especial no WhatsApp, mostra um sorridente Fidel e, a seu lado, a jovem Dilma Rousseff, identificada como "pupila, estudante socialista de Castro". Como se a ex-presidente do Brasil, deposta pelo golpe parlamentar liderado por Michel Temer,[37] já fosse adepta do "castrocomunismo" ainda

---

36. Rosa Miriam Elizalde. Publicado em: *Ciberguerra*, 4 noviembre 2018.
37. Temer foi denunciado por corrupção após a revelação de uma gravação suspeita com o empresário Joesley Batista, da JBS, na qual os dois negociaram o silêncio de Eduardo Cunha, ex-presidente da Câmara dos Deputados que se encontra preso em Curitiba pela Lava Jato. Por duas vezes a Câmara

na juventude. Ora, a foto, publicada na época pelo jornal *New York Daily News*, em abril de 1959, foi grosseiramente manipulada. Prova disso é que, naquela data, Dilma tinha apenas 11 anos de idade, e nunca viajara a Cuba e aos EUA.[38]

Pesquisadores da Universidade Federal de Minas Gerais, da Universidade de São Paulo e da Agência Lupa (plataforma de verificação de dados) revelaram a estreita conexão entre as atividades políticas das cibertropas e as campanhas de desinformação. Ao avaliar o grau de veracidade de 50 imagens repetidas em 347 grupos públicos, e divulgadas no WhatsApp entre 16 de agosto e 7 de outubro de 2018, durante o primeiro turno das eleições presidenciais, foram encontradas apenas quatro imagens comprovadamente verdadeiras.

Essa intoxicação informativa resultou da capacidade de desencadear uma comunicação vertical, de conteúdo malicioso, distribuída a ativistas locais e regionais, especialmente via WhatsApp. A multiplicação se dá a partir do momento em que pessoas tendentes a crer no conteúdo o reproduzem a seus contatos. É o que o professor Piero Leiner, da Universidade Federal de São Carlos, qualificou de "bomba semiótica".[39] E acrescentou: "Estes movimentos

---

impediu que as investigações avançassem. Temer é também alvo de inquérito que investiga esquema de propina no Porto de Santos (SP).

38. Cf. https://currentnewsvista.news.blog/2018/10/17/fake-news-is-poisoning-brazilian-politics-WhatsApp-can-stop-it-by-cristina-tardaguila-fabricio-benevenuto-and-pablo-ortellado/ (E ainda: Brasil-election-fake-news--WhatsApp.html).

39. Cf. https://www1.folha.uol.com.br/poder/2018/10/comunicacao-de-bolsonaro-usa-tatica-militar-de-ponta-diz-especialista.shtml (Ainda: https://elpais.com/elpais/2012/02/28/opinion/1330446416_732470.html

O DIABO NA CORTE

criam um ambiente de dissonância cognitiva: as pessoas, as instituições e a imprensa ficam completamente desconcertadas. Mas, no final das contas, Bolsonaro reaparece como o elemento de restauração da ordem".

Informe do Centro Estratégico Latino-Americano de Geopolítica (Celag) a respeito da distribuição de receptores de redes digitais de Bolsonaro, Haddad e Lula comprovou a preponderância do primeiro sobre os outros dois. A diferença em favor do candidato eleito foi tão grande que só se explica pela forte injeção de tecnologia e dinheiro em campanhas publicitárias nas redes, dirigidas preferencialmente aos mais jovens, pois eles preferem se informar não pela TV ou pelo rádio, e sim pelos nichos segmentados por grupos de interesse.

Segundo o Celag, a metodologia utilizada por empresas especializadas em algoritmos e análises de audiência foi a seguinte: a) escuta social com *big data* e Inteligência Artificial, seguida de análise de peritos, que permitem captar medos e rejeições emocionais mais profundos no país; b) elaboração de mensagens que utilizam tais percepções e se dirigem de modo diferenciado a públicos altamente segmentados e previamente identificados, para convertê-los em cabos eleitorais bolsonaristas; c) detectar aqueles que, nas redes, possuem grande quantidade de seguidores e ativá-los para que divulguem mentiras, ameaças e tergiversações; d) uso de aplicativos robotizados para reanalisar a *big data* inicial e verificar o êxito ou fracasso de *fake news*. Obtida esta informação, os analistas se reposicionam de forma precisa e ajustada aos temas mais compartilhados.

No WhatsApp, cada usuário se registra com um número de telefone. Isso o torna apto a manter comunicação cifrada, criptografada, com indivíduos e grupos de até 256 pessoas. Basta uma pessoa conhecer o número de telefone do usuário para enviar-lhe mensagens a partir de qualquer ponto do planeta.

Peritos brasileiros identificaram na campanha favorável a Bolsonaro o envio massivo de conteúdos elaborados em outros países, em especial nos EUA. No WhatsApp, por exemplo, as cibertropas mais ativas emitiram desde os telefones +1 (857) 244 0746[40], de Massachusetts; +1 (747) 207 0098, da Califórnia; e +351 963 530 310, de Portugal.

Apesar disso, peritos e comunicadores sociais simpáticos à candidatura Haddad aconselharam os eleitores do candidato do PT a não abandonar as redes digitais e evitar o isolamento. O escritor Gilberto Calilha explicou: "Só se pode enfrentar o fascismo com organização e ação coletivas. As razões para temores são muito concretas, mas só nos fortaleceremos e nos protegeremos coletivamente. O isolamento nos deixará mais vulneráveis, desprotegidos e impossibilitados de disputar a hegemonia".[41]

Sabe-se hoje que o Facebook repassou à empresa Cambridge Analytica dados de milhões de usuários por ocasião das eleições estadunidenses de 2016. E o Google foi alvo de várias denúncias por alterar o serviço de buscas de modo a se beneficiar comercialmente ou promover determinada ideologia. Estabelece: o que se pode ver, em que ordem e o que convém ser descartado ou censurado.

---

40. Eu mesmo fui alvo de chamada deste número.
41. Cf. https://medium.com/dominio-cuba/bolsonaro-whatsapp-y-tres-condiciones-para-llegar-al-poder-con-la-mentira-6e9499711467

Embora a empresa negue tal manipulação, em julho de 2018 a União Europeia lhe impôs multa de US$ 5 bilhões por não haver obedecido leis antimonopólios ao manipular algoritmos de buscas para favorecer o serviço de compras de sua propriedade. Segundo Robert Epstein, pesquisador do American Institute for Behavioral Research and Technology, 25% das eleições nacionais no mundo são decididas pelo Google.[42]

Como assegurar supervisão democrática dessas gigantes digitais e implementar regulação semelhante à que estão sujeitos os outros meios de comunicação?[43] Na opinião de Osvaldo León, comunicólogo equatoriano, "os meios de difusão assumem um papel fundamental nos processos de consumo (expandir mercados), e como negócios eles mesmos priorizam a ampliação de audiências (mercadoria primária) acima da qualidade e da responsabilidade social".[44]

A Internet, criada em fins de 1960, foi popularizada, na década de 1980, para ser um veículo cidadão sem fins comerciais. Porém, uma vez em mãos de grandes corporações, passou a ser submetida à lógica do lucro. Isso pôs fim à privacidade na rede, na qual protocolos de vigilância se encarregam de rastrear as atividades dos usuários e elaborar seus perfis, detalhando dados pessoais como identidade, relacionamentos, gostos, afinidades etc.

---

42. Ver https://www.politico.com/magazine/story/2015/08/how-google-could-rig-the-2016-election-121548
43. Osvaldo León, *Internet, derivaciones y paradojas. Revista Alai*, n. 536, p. 1-4, outubro 2018.
44. Artigo citado, p. 2.

A Internet era para ser um território livre, inclusive no âmbito dos relacionamentos interpessoais. Contudo, a ganância das grandes corporações por lucros e mais lucros fez com que elas criassem plataformas que funcionam como verdadeiros currais, dentro dos quais os usuários, uma vez cadastrados, se interconectam. Essas plataformas captam o perfil de cada usuário e o vendem aos anunciantes. Esse "efeito rede" cria os "monopólios naturais", eliminando qualquer concorrência. E eles se chamam YouTube, Facebook, Twitter, Instagram...[45]

Ao ser diplomado presidente da República pelo TSE, em 10 de dezembro de 2018 (comemoração dos 70 anos da *Declaração Universal dos Direitos Humanos*), Bolsonaro disse em seu discurso que "as eleições revelaram uma realidade distinta das práticas do passado. O poder popular não precisa mais de intermediação. As novas tecnologias permitiram nova relação direta entre o eleitor e seus representantes".[46] Tal afirmação repete o que já disseram Margaret Thatcher e Donald Trump — a sociedade prescinde de sindicatos, associações, ONGs etc. Apenas duas instituições importam: o Estado e a família. Tudo indicava que teríamos um presidente permanentemente ligado nas redes digitais.

Confirmada sua vitória, Bolsonaro fez pronunciamento transmitido ao vivo pelas redes digitais. Tinha ao lado a mulher, Michelle de Paula Firmo Reinaldo Bolsonaro, e uma intérprete de libras, Ângela. Ao se referir à campanha,

---

45. Sally Burch. Redes sociales digitales: un gran negocio. *Revista Alai*, n. 536, p. 5, Octubre 2018.

46. *Folha de S. Paulo*, 11/12/2018, p. A4.

O DIABO NA CORTE

declarou: "Afinal de contas, a nossa bandeira, o nosso slogan, eu fui buscar naquilo que muitos chamam de caixa de ferramenta para consertar o homem e a mulher, que é a Bíblia Sagrada. Fomos em *João*, 8:32: "E conhecereis a verdade. E a verdade vos libertará".

Declarou ainda que o eleitor "passou a ser, sim, integrante de um grande exército, que sabia para onde o Brasil estava marchando, e clamava por mudanças. Não podemos mais continuar flertando com o comunismo e com o populismo, e com o extremismo da esquerda".

Outras afirmações do presidente do Brasil: "O erro da ditadura foi torturar e não matar"[47]. "Eu tenho cinco filhos. Foram quatro homens. A quinta eu dei uma fraquejada e veio uma mulher"[48]. Em 2011, em entrevista à revista *Playboy*, declarou: "Seria incapaz de amar um filho homossexual. Não vou dar uma de hipócrita aqui: prefiro que um filho meu morra num acidente do que apareça com um bigodudo por aí"[49].

Um de seus discursos mais agressivos foi o que fez, por vídeo, na Avenida Paulista, no sábado, 22 de setembro de 2018, a manifestantes favoráveis à sua eleição. Algumas afirmações: "Perderam ontem, perderam em 2016, e vão perder na semana que vem de novo. Só que a faxina agora será muito mais ampla. Essa turma, se quiser ficar aqui, vai ter que se colocar sob a lei de todos nós. Ou vão pra fora ou vão pra cadeia. Esses marginais vermelhos serão banidos

---

47. Programa Pânico, da rádio Jovem Pan, 2016.
48. Palestra no Clube Hebraica, Rio, 2017.
49. Declarações divulgadas na *Folha de S. Paulo*, 29.10.18, p. A16 e A17.

de nossa pátria. (...) E seu Lula da Silva, se você estava esperando o Haddad ser presidente pra assinar o decreto de indulto, eu vou te dizer uma coisa: você vai apodrecer na cadeia. (...) Aguarde. O Haddad vai chegar aí também. Mas não será pra visitá-lo não. Será pra ficar alguns anos ao teu lado. Já que vocês se amam tanto, vocês vão apodrecer na cadeia. Porque lugar de bandido que rouba o povo é atrás das grades. (...) Bandidos do MST, bandidos do MTST, as ações de vocês serão tipificadas como terrorismo. Vocês não levarão mais o terror ao campo ou à cidade. Ou vocês se enquadram e se submetem às leis ou vão fazer companhia ao cachaceiro lá em Curitiba".

RELIGIÃO, PRINCIPAL SISTEMA DE SENTIDO

U m dos graves erros das forças políticas progressistas brasileiras foi se distanciar da fé popular. Houve muita proximidade entre as décadas de 1960 e 1980, no Brasil e na América Latina. Com a eleição do papa João Paulo II em 1978, e seu longo pontificado de 26 anos, a mobilização pastoral dos católicos de baixa renda arrefeceu. João Paulo II e seu sucessor, Bento XVI, eram avessos às Comunidades Eclesiais de Base e à Teologia da Libertação. Bispos progressistas foram sucedidos por conservadores; a teologia crítica perdeu espaço nos seminários encarregados da formação de sacerdotes; o espaço eclesial se viu invadido por movimentos pouco afeitos à dimensão social da fé cristã, como Opus Dei, carismáticos etc.

Na América Latina, a porta da razão é o coração; a chave do coração, a religião. Pergunte-se a uma faxineira ou porteiro de prédio, artesão popular ou pequeno agricultor, o que pensam da vida. Com certeza a resposta virá tecida em categorias religiosas.

A religião é o maior sistema de sentido já criado pelo ser humano. Abarca desde a Criação do mundo à ofensa de um amigo a outro. Só ela contém respostas para os fins da vida e da Terra; a existência de pessoas boas e más; a beleza da natureza e a harmonia de suas leis. Ela penetra o mais fundo da alma e da consciência humanas. Culpabiliza e perdoa; castiga e recompensa; gratifica e salva.

Toda a atividade de Jesus foi marcada por permanente conflito religioso. Conflito entre a concepção religiosa que oprimia o povo, professada por saduceus, escribas e fariseus, e a concepção libertadora contida em sua palavra.[50]

O setor progressista da Igreja Católica na América Latina, irmanado a segmentos de Igrejas protestantes históricas, como luteranos e presbiterianos, apropriou-se da leitura popular da Bíblia e criou as Comunidades Eclesiais de Base, no início da década de 1960, e a Teologia da Libertação. Desse expressivo movimento pastoral surgiram os militantes cristãos que lutaram nas guerrilhas da Colômbia, da Nicarágua e de El Salvador. No Brasil, os fiéis das Comunidades Eclesiais de Base favoreceram a capilaridade nacional do PT, da CUT e da CMP nas décadas de 1980 e 1990. Foi dessa Igreja popular que despontaram tantos movimentos combativos como o MST.

Os cruzados do capitalismo não dormem em serviço. Em 1967, o presidente Richard Nixon, dos EUA, enviou seu assessor Nelson A. Rockfeller a um giro pela América Latina, com a missão de analisar como a Igreja Católica reagia à ameaça comunista. Da viagem resultou um

---

50. Richard A. Horsley. *Jesus e o império — o reino de Deus e a nova desordem mundial*. São Paulo: Paulus, 2004. Ver ainda meu romance *Um homem chamado Jesus*. Rio de Janeiro, Rocco, 2009.

O DIABO NA CORTE

relatório no qual constavam anexos secretos. Em um deles Rockfeller propunha que Igrejas evangélicas, financiadas pela CIA, Departamento de Estado e outras fontes, fossem remetidas aos países do continente para incutir nos fiéis uma religiosidade conservadora. Segundo o relatório, os movimentos pastorais de base popular representavam maior ameaça aos interesses do capital do que o marxismo. Foi então que se iniciou a intensa cruzada de implantação de Igrejas neopentecostais de perfil conservador inspiradas em matrizes usamericanas. Um cristianismo *prêt-à-porter*[51]; um deus criado à imagem e semelhança do sistema capitalista; uma Teologia da Prosperidade capaz de suscitar nos fiéis a ambição de riqueza; a hegemonia do Antigo Testamento sobre o Novo; e a prevalência do demônio como fator de intimidação e medo.

Já que aos pobres o sistema nega direitos básicos, como saúde e educação, o jeito é buscar a cura nos milagres da Igreja e acatar a hermenêutica fundamentalista do texto bíblico feita pelo pastor sem suficiente formação teológica. Porém, a palavra dele tem peso, pois, para os fiéis, manifesta a vontade de Deus. É ele quem, nas eleições, aponta os nomes dos candidatos que também são evangélicos ("irmão vota em irmão") e aqueles que haverão de favorecer a obra de Deus neste mundo, como impedir que o demônio continue a operar através do comunismo, do ateísmo, e de graves pecados como a homossexualidade e o aborto...

Em áreas habitadas por populações altamente vulneráveis, as Igrejas evangélicas criam redes de proteção e

---

51. Expressão francesa que significa 'pronto para vestir ou usar'.

solidariedade, o que já não faz a Igreja Católica, com raras exceções. Como declarou o cientista político Sérgio Fausto, "em muitos lugares do Brasil, a opção são três Cs: crime organizado, cocaína ou Cristo".[52]

Pesquisas do IBGE comprovam que 87% da população brasileira se assume como cristã. Contudo, apenas 20% frequentam cultos religiosos ao menos uma vez por mês.[53]

---

52. *Valor*, 23/11/2018, p. A9.
53. *O Globo*, 25/11/2018, p. 14.

PESO DO VOTO EVANGÉLICO[54]

Jair Bolsonaro foi o primeiro candidato com discurso evangélico eleito presidente da República pelo voto direto. Café Filho era presbiteriano e Ernesto Geisel, luterano. Porém, chegaram à presidência pelo voto indireto.

Bolsonaro, batizado na Igreja Católica, como muitos políticos brasileiros transferiu-se para o segmento evangélico. Foi batizado no rio Jordão, em Israel, em 12 de maio de 2016, pelo pastor Everaldo, presidente do PSC, com quem rompeu posteriormente por ter sido o pastor acusado de corrupção. A primeira-dama, Michelle, terceira esposa do presidente eleito, é evangélica e frequenta templos dessa tendência cristã.

Os evangélicos garantiram a eleição de Bolsonaro? Os dados comprovam que, entre 42 milhões de eleitores evangélicos, ele obteve 20 milhões de votos, e Haddad, 10 milhões. Brancos, nulos e abstenções somaram 12 milhões. Bolsonaro, portanto, mereceu 67% dos votos válidos de evangélicos, enquanto Haddad, 33%.[55]

---

54. Fonte: IHU 07/11/2018. Ver artigo de José Eustáquio Diniz Alves, publicado por *EcoDebate*, 31/10/2018.

55. Dados de pesquisas do Datafolha divulgados a 25 de outubro de 2018, e do Ibope, divulgados dia 27 dos mesmos mês e ano, véspera da eleição. O

Sim, os evangélicos tiveram peso na eleição de Bolsonaro, mas não decidiram a vitória do candidato direitista. Na Região Sul do país (RS, SC e PR), ele teve votação expressiva entre pessoas de nível superior e com renda mensal acima de cinco salários mínimos. A rejeição a ele no segmento evangélico foi baixa (28%), porém na média geral dos eleitores chegou a 39%. Pesou muito o modo como ele explorou valores tradicionalistas ao defender família heterossexual, escola "sem partido", condenação ao suposto kit gay etc. Dados demonstram que no Brasil 34% das pessoas com escolaridade de nível médio são evangélicas, assim como 32% dos que recebem por mês de dois a cinco salários mínimos. Em 2014, o voto preferencial desses segmentos foi para o PT. Nas eleições de 2018 virou, o que garantiu a vitória de Bolsonaro graças a essa classe média. O fator religioso, considerado isoladamente, não explica o voto negado ao PT.

As pesquisas indicam que, entre o segmento LGBTI+, tão repudiado pelo candidato eleito, ele mereceu 30% dos votos. Como explicar? A Geni gosta que joguem pedras nela? De modo algum. Muitos outros fatores influíram na decisão do eleitor além do moral, como a crise econômica, o desemprego e o repúdio à corrupção e às gestões do PT. Pesou também a insegurança pública. Bolsonaro se afirmou como a negação da "velha política", do "novo". O que explica o resultado eleitoral insignificante de partidos tradicionais, como o MDB e o PSDB, que dispunham de ampla

---

Datafolha registrou também a intenção de voto segundo preferências das várias denominações religiosas.

capilaridade nacional e usufruíram de espaço privilegiado no horário eleitoral de rádio e TV.

Os dados da pesquisa Datafolha que consideraram também a confissão religiosa dos pesquisados, demonstraram que, entre os católicos, a vantagem de Bolsonaro foi pequena: 51% a 49% que preferiram Haddad. Já entre os evangélicos, o capitão contou com 69% dos votos, e o professor, 31%. No segundo turno, o Datafolha constatou que Bolsonaro teve 11,6 milhões de votos a mais que Haddad no segmento evangélico.

O setor evangélico conservador é praticamente o único da sociedade brasileira que, há décadas, faz trabalho de base para congregar, politizar e mobilizar seus fiéis. O Brasil outrora foi considerado o país com o maior número de católicos. Em 1950, os católicos representavam 93,5% da população; os evangélicos, apenas 3,4%. Nos últimos 70 anos, a percentagem de pessoas que se declaram católicas caiu rapidamente e chegou a 64,6% em 2010. No mesmo período, o número de protestantes (tradicionais e evangélicos) cresceu e atingiu 22,2% (2010). Houve também crescimento de outras religiões (como espíritas) e do percentual de pessoas que se declaram sem religião. Em fins de 2018, os evangélicos aglutinavam 34% da população.

"A VERDADE VOS LIBERTARÁ"

O episódio se passa em uma cidade da Inglaterra. O juiz alegou necessidade de férias e indicou para substituí-lo um cidadão acima de qualquer suspeita chamado Ângelo (= anjo). Contudo, em vez de viajar como prometera, o juiz se disfarçou de monge e se escondeu em uma paróquia da cidade. Ali recebeu penitentes que, ao se confessarem, falaram mal dele a seus ouvidos.

Nesse meio-tempo, Ângelo lançou mão de leis que haviam caído em desuso, como a pena de morte. E decidiu aplicá-la a um homem que engravidara a noiva antes do casamento. A irmã do condenado suplicou misericórdia. O juiz, então, propôs a ela uma barganha: indultar o condenado em troca da virgindade dela, o que a moça não aceitou.

Acometido por uma crise de consciência, Ângelo desabafou: "Em um país onde os juízes roubam, os ladrões têm inquestionavelmente o direito de roubar".

O episódio está descrito por Shakespeare na peça *Medida por medida*, de 1623. E nos remete a uma declaração da juíza Eliana Calmon, primeira mulher a integrar o Superior Tribunal de Justiça, em setembro de 2011, em conferência na Associação Paulista de Jornais. Afirmou que o Poder

O DIABO NA CORTE

Judiciário estava "com gravíssimos problemas de infiltração de bandidos que estão escondidos atrás da toga".

A recente divulgação pelo site Intercept Brasil de conversas entre o então juiz Sérgio Moro e a força-tarefa da Lava Jato, capitaneada pelo procurador Deltan Dallagnol, escancararam o confessionário da equipe encarregada de combater a corrupção no Brasil com lisura e imparcialidade. E o que se constata é estarrecedor: parcialidade, partidarismo, perseguição aos inimigos e proteção aos amigos. Uma escandalosa barganha que, mais tarde, culminou na decisão monocrática do ministro Dias Toffoli de proteger Flávio Bolsonaro, filho do presidente da República, e seu parceiro Fabrício Queiroz, o que desencadeou uma reação em cascata de anulação de processos em andamento. Felizmente o STF derrubou, em novembro de 2019, a decisão de Toffoli.

O mote de campanha de Jair Bolsonaro foi o versículo 32 do capítulo 8 do *Evangelho de João*: "A verdade vos libertará". Até agora nenhum dos desmascarados pelo site Intercept utilizou, em sua defesa, o substantivo "mentira". Alegam que a ação é criminosa, que as falas estão fora de contexto, que tudo é obra de *hackers*. É no mínimo curioso que não se investigue o conteúdo das mensagens trocadas entre Sérgio Moro e integrantes da força-tarefa da Lava Jato. Não têm como negar a verdade do que revela o furo jornalístico de Glenn Greenwald, premiado nos EUA por tornar públicas ações clandestinas e ilegais do governo estadunidense. Aqui, ele é ameaçado de prisão pelo governo brasileiro.

Pena nossas autoridades, que se exaltam como exemplos de cristãs, fazerem pescaria de versículos ao ler a Bíblia e ignorarem palavras de Jesus como estas em *Lucas* 12, 1-3: "Tomem cuidado com o fermento dos fariseus, que é a hipocrisia. Não há nada de escondido que não venha a ser revelado, e nada de oculto que não venha a ser conhecido. Pelo contrário, tudo que vocês tiverem feito na escuridão, será proclamado à luz do dia; e o que tiverem dito em segredo será proclamado sobre os telhados".

Sou filho de juiz. E meu pai repetia em casa que um magistrado só preserva a imparcialidade quando evita duas tentações: as atitudes discricionárias, que dão a ilusão de estar acima das leis; e a vaidade de êxito público, porque os aplausos induzem Themis, a deusa da Justiça, a arrancar a venda dos olhos para desfrutar melhor das ovações.

O "ANTIGLOBALISTA" MINISTRO DAS RELAÇÕES EXTERIORES E OUTROS MINISTROS

O ministro das Relações Exteriores é o embaixador Ernesto Araújo. Discípulo do ultraconservador Olavo de Carvalho, em 2017 ele publicou artigo em revista do Itamaraty no qual afirmou que Trump assumiu a missão de resgatar a civilização ocidental, sua fé cristã e suas tradições nacionais forjadas "pela cruz e pela espada". Essa civilização está sendo corroída pelo "inimigo interno", sob influência do "marxismo cultural globalista", cujo marco inicial seria a Revolução Francesa.[56]

Para os críticos, globalistas seriam todos que defendem o direito à imigração; as agendas políticas que protegem os direitos das minorias; as organizações multilaterais, como a ONU e a União Europeia; e os que consideram efeitos nefastos da globalização, como o desemprego industrial. São antiglobalistas os chefes de Estado como Trump, dos

---

56. A Revolução Francesa ocorreu em 1789. Karl Marx nasceu em 1818, na Alemanha.

EUA; Viktor Orbán, da Hungria; e a então coalização Luigi Di Maio e Matteo Salvini, da Itália.

Em seu blog, Metapolítica 17, o chanceler escreveu que o "globalismo" é "essencialmente um sistema anti-humano e anticristão. A fé em Cristo significa, hoje, lutar contra o globalismo, cujo objetivo último é romper a conexão entre Deus e o homem, tornado o homem escravo, e Deus irrelevante. O projeto metapolítico significa, essencialmente, abrir-se para a presença de Deus na política e na história".

No referido blog, o PT é tratado como "Partido Totalitário", "Partido da Tirania" e "Partido Terrorista".

A ministra pastora

A pastora evangélica Damares Alves, 54 anos, assessora do senador Magno Malta (PR-ES), foi indicada, a 10 de dezembro de 2018 (data de comemoração de 70 anos de Declaração Universal dos Direitos Humanos), futura ministra das Mulheres, da Família e dos Direitos Humanos. Considerou a indicação um "chamado divino".[57] Declarou que, há anos, pensou se suicidar, pois, quando criança, sofreu sucessivos estupros cometidos por pastores. Subiu em um pé de goiaba. Ali em cima, pretendia ingerir uma dose de veneno, mas viu se aproximar dela uma estranha figura. "Ele tinha uma roupa comprida, uma barba comprida", contou. Era o próprio Jesus decidido a subir na árvore

---

57. *O Estado de S. Paulo*, 23/12/2018, p. A6.

para impedir o gesto tresloucado. "Não sobe, Jesus! Você não sabe subir em pé de goiaba" — ela suplicou. "Você vai cair e se machucar! Já te machucaram tanto na cruz!"

Temo que, como escreveu o jornalista Fred Melo Paiva, com ela "os direitos humanos no Brasil sobem por definitivo no telhado"[58].

A situação dos direitos humanos em nosso país é catastrófica. O número de homicídios alcançou a assombrosa cifra de 62.517 pessoas em 2017.[59] Mais do que a soma de todos os soldados estadunidenses mortos ao longo dos vinte anos da Guerra do Vietnã (1955-1975). Em 2017, o ministério que a pastora vidente assumiu recebeu 142.665 denúncias de violações de direitos humanos, média de 390 por dia.

Desde a ditadura militar (1964-1985), nunca houve tantos retrocessos nos direitos humanos no Brasil como agora, sob Bolsonaro. Somos governados por autoridades que insistem na impunidade das forças repressivas, o que representa sinal verde para a eliminação sumária de suspeitos ou mesmo de cidadãos insuspeitos, como os nove jovens assassinados pela PM de São Paulo na favela de Paraisópolis, na madrugada de 1º de dezembro de 2019. Apenas no Rio, naquele ano, cinco crianças foram mortas por "balas perdidas".

Terras demarcadas são invadidas por mineradoras, madeireiras e empresas agropecuárias. Líderes indígenas são assassinados, como Paulo Paulino Guajajara, no Maranhão, a 1º de novembro de 2019, por defender a reserva

---

58. *Carta Capital*, 19/12/2018, p. 28.
59. Anuário Brasileiro de Segurança Pública.

de seu povo da ação de madeireiros ilegais. Os casos de feminicídio se multiplicam; uma mulher é violentada a cada 4 minutos no país.

À beira de fazendas e estradas brasileiras, 80 mil famílias se encontram acampadas. Lula é condenado sem provas. A mídia crítica ao governo é sabotada mediante o cancelamento de anúncios oficiais, e sofrem ameaças as empresas privadas que nela fazem publicidade de seus produtos. Alunos são incentivados a delatar professores que não rezam pela cartilha do Planalto. O mercado de armas e munições é estimulado pelo governo que jamais condenou as milícias paramilitares que, ao arrepio da lei, disputam territórios com o narcotráfico.

Além dos direitos humanos, são violados também os direitos da natureza. A floresta amazônica é incendiada criminosamente para abrir espaço ao gado e à soja, enquanto Bolsonaro declara que as queimadas são "um problema cultural". A Justiça atua com morosidade e leniência na punição aos responsáveis pelas tragédias resultantes do rompimento das barragens de Mariana (MG), em 2015, e Brumadinho (MG), em 2019, que ceifaram 382 vidas.

Segundo Marcelo Neri, da FGV, em dez anos o Brasil tirou 30 milhões de pessoas da pobreza. Porém, entre 2015 e 2017, 6,3 milhões de pessoas voltaram à miséria. Nos últimos três anos, a pobreza aumentou 33%. Segundo o IBGE, 58,4 milhões de pessoas vivem hoje abaixo da linha de pobreza, com renda mensal inferior a R$ 406. A lista de excluídos só aumenta: entre 2016 e 2017 subiu de 25,7% para 26,5%, o que significa a exclusão de quase 2 milhões de pessoas. Segundo estes dados, 55 milhões de brasileiros passam por privações, dos quais 40% no Nordeste. Enquanto isso, a

O DIABO NA CORTE

renda *per capita* dos ricos subiu 3% e a dos pobres desceu 20%. Doenças já erradicadas retornaram, e a mortalidade infantil avança sobre as famílias mais pobres.

Somos uma nação rica, muito rica. Mas sumamente injusta. O PIB brasileiro é de R$ 6,3 trilhões, suficiente para garantir R$ 10 mil por mês para cada família de 4 pessoas.

Direitos humanos não é "coisa de bandido", como alardeiam os que jamais pensam nos direitos dos pobres. É um dos mais elevados marcos jurídicos e moral de nosso avanço civilizatório. Embora eles sejam violados sistematicamente por quem se proclama democrata e cristão, são irrevogáveis. Resta, agora, a ONU convocar os países a elaborar e assinar a Declaração Universal dos Direitos da Natureza, nossa "casa comum", na expressão do papa Francisco.

Moro e Guedes

O juiz Sérgio Moro antecipou seu desligamento da Justiça Federal para, segundo ele, "participar do planejamento de ações do futuro governo". A partir de 16 de novembro de 2018, deixou de ser o responsável pelos processos da Operação Lava Jato.[60]

Bolsonaro adotou nova estratégia para montar seu governo. Descartou os partidos e optou por se entender com as bancadas transversais, como a de ruralistas e evangélicos, que congregam parlamentares de diferentes siglas partidárias. Assim, enfraqueceu a representação partidária.

---

60. *O Globo*, 17/11/2018, p. 7.

A bancada da saúde, por exemplo, indicou o deputado federal Luiz Henrique Mandetta para ocupar a pasta. Os evangélicos impediram que o professor Mozart Neves Ramos, com quem trabalhei no *Todos pela Educação*, fosse nomeado ministro desta área. Preferiram o indicado por Olavo de Carvalho, o colombiano Ricardo Vélez Rodríguez, professor emérito da Escola de Comando e Estado-Maior do Exército, que se revelou incompetente, sendo substituído por Abraham Weintraub, em abril de 2019.

É uma lástima que, em 13 anos de governo, o PT não tenha encaminhado a reforma política, que poderia ter implementado a fidelidade partidária.

Outra novidade são as superestruturas de governo, como a do Ministério da Economia, que faz de Paulo Guedes um primeiro-ministro de fato. Sua pasta absorveu os ministérios da Fazenda, do Planejamento e da Indústria e Comércio. Foi ele quem indicou nomes para todos os postos-chave da área econômica, como o presidente do Banco do Brasil, Rubem Novaes, Ph.D. em Economia pela Universidade de Chicago. Novaes foi citado no caso do Banco Marka, investigado por suposto tráfico de influência. Na época, acusado de envolvimento nas operações de venda de dólares no mercado futuro dos bancos Marka e Fonte-Cindam. Mereceu absolvição, embora admita que tentou ajudar Salvatore Cacciola, dono do Marka, a fim de evitar a quebra da instituição.

Outros "Chicago's boys" são Roberto Castello Branco, nomeado para presidir a Petrobras, e Joaquim Levy, que comandou o BNDES por pouco tempo, até pedir demissão, em junho de 2019, e ser substituído por Gustavo Montezano.

O DIABO NA CORTE 87

Para a Caixa Econômica Federal, designou o economista e banqueiro Pedro Guimarães, Ph.D. pela Universidade de Rochester. Ele é genro de Leo Pinheiro, ex-presidente e sócio da construtora OAS, um dos delatores da Lava Jato. Há quem considere esta nomeação um prêmio de Sérgio Moro por Pinheiro acusar Lula de falcatruas. Para a presidência do IPEA, foi nomeado Carlos von Doellinger, que já trabalhava no órgão.

O presidente do Banco Central, Roberto Campos Neto, começou a carreira no Banco Bozano, hoje adquirido pelo Santander, e se tornou vice-presidente desta instituição de origem espanhola.

Na década de 1970, os economistas da linha mais liberal procediam de universidades estadunidenses qualificadas de "freshwater" (água doce), por se situarem próximas aos Grandes Lagos: Chicago, Cornell e Rochester. E tinham como guru o economista Milton Friedman. Já o grupo que admitia a intervenção do Estado na economia era conhecido como "saltwater" (água do mar), oriundo de universidades próximas ao litoral dos EUA, como Princeton, Yale e Berkeley.

Ao contrário das equipes econômicas de FHC e Lula-Dilma, nenhum desenvolvimentista figura na equipe nomeada no início do governo Bolsonaro.

Casa Civil

O deputado gaúcho Onyx Lorenzoni (DEM), ministro-chefe da Casa Civil, admitiu ter recebido dinheiro não declarado da empresa de alimentos JBS, no valor de R$ 100 mil, para a sua campanha, em 2014. Uma planilha entregue ao Ministério Público sugere que também em 2012 ele recebeu outros R$ 100 mil, o que o ex-deputado da bancada da bala nega. Quando era permitido o financiamento empresarial de campanha, Lorenzoni recebeu da Taurus (fábrica de armas), em 2006, R$ 110 mil; em 2008, R$ 150 mil; em 2010, R$ 150 mil; em 2014, R$ 50 mil. Da Companhia Brasileira de Cartuchos, ele embolsou R$ 80 mil em 2006; R$ 150 mil em 2008; e R$ 50 mil em 2010. Da Associação Nacional da Indústria de Armas e Munições, R$ 100 mil em 2010.[61] Outros grupos empresariais que financiam suas campanhas políticas são o Iguatemi (shopping centers), a Cosan (energia, infraestrutura, gestão de propriedades agrícolas) e a Gerdau (siderúrgica).

Lorenzoni, segundo registros da Câmara dos Deputados, pediu e obteve reembolso dos cofres públicos do valor de passagens de ida e volta de Brasília ao Rio, em 22 de julho de 2018. O que foi fazer na Cidade Maravilhosa? Participar da oficialização da campanha de Bolsonaro no Centro de Convenções SulAmérica. E por esse capricho, nós, contribuintes, pagamos R$ 3.720.

O sistema da Câmara registrou que ele foi reembolsado em mais de 70 passagens aéreas cujo destino ou origem eram os aeroportos de São Paulo e Rio. No dia da suposta facada no candidato Bolsonaro, a 6 de setembro de 2018, Lorenzoni utilizou bilhete aéreo no valor de R$ 469 para voar do aeroporto Itamar Franco, próximo de Juiz de Fora (MG), ao aeroporto de Congonhas, em São Paulo, cidade

---

61. *Folha de S. Paulo*, 27/12/2018, p. A6.

O DIABO NA CORTE

para o qual Bolsonaro fora transferido para ser atendido no hospital Albert Einstein. A Câmara registra reembolsos de quatro passagens nos dias 6, 7 e 8 de setembro.

A regra das verbas que os deputados dispõem para suas atividades não admite uso para fins eleitorais. São "destinadas a custear gastos exclusivamente vinculados ao exercício da atividade parlamentar", segundo determinação da Mesa Diretora.[62]

Questionado, Lorenzoni declarou à rádio Gaúcha, sem nenhum constrangimento: "Enquanto congressista e deputado (federal), eu tenho a prerrogativa e o direito de andar no lugar do Brasil que eu quiser, e eu estava ajudando a construir o que hoje nós estamos vivendo: a transição para um novo futuro para o nosso país e para um novo Brasil". Errado. A legislação da Câmara só admite gastos vinculados à atividade parlamentar.[63]

Em fevereiro de 2020, Lorenzoni foi transferido para chefiar o Ministério da Cidadania. Para a Casa Civil, Bolsonaro nomeou um militar, o general Walter Souza Braga Netto.

Defesa

Em entrevista concedida à *Folha de S. Paulo*, o general Edson Leal Pujol, escolhido por Jair Bolsonaro para o Comando do Exército, foi mais um a declarar que o regime

---

62. *Folha de S. Paulo*, 31/12/2018, p. A5.
63. *Folha de S. Paulo*, 01/01/2019, p. A5.

militar, que impôs ao país uma ditadura por quase 25 anos, "não era assim tão ruim". Na linha da declaração do presidente do STF, Dias Toffoli, que, "assessorado" pelo general Fernando Azevedo, declarou em evento que deveríamos chamar a ditadura militar de "movimento cívico", Pujol afirmou que há "preconceito" nas análises do que houve no Brasil nas últimas décadas.

As torturas, execuções, perseguições políticas, desaparecimentos causados pelos anos de governo dominado pelos generais, desde o golpe de 1964, são "preconceitos" ou, ainda, nas palavras da moda usadas por Pujol, uma "doutrinação" que tenta "influenciar o pensamento das pessoas".

As opiniões extravagantes sobre a ditadura militar têm sido um ponto comum entre elementos do governo Bolsonaro. Mais do que simplesmente demonstração de ignorância, as opiniões positivas sobre a ditadura militar, ditas abertamente na imprensa, mostram que esses elementos são defensores de um regime ditatorial, de perseguições, assassinatos e torturas contra o povo. Este é o subproduto do golpe de Estado no Brasil, que trouxe à tona o pensamento reacionário que andava escondido depois do fim da ditadura. Mais do que isso, o aprofundamento do golpe leva ao poder o setor mais reacionário do Brasil.

Meio ambiente

Para ministro do Meio Ambiente, Bolsonaro convidou o advogado Ricardo Salles, 43, fundador do movimento

O DIABO NA CORTE

Endireita Brasil e filiado ao Partido Novo. Ele ocupou o cargo de secretário do Meio Ambiente na última gestão Alckmin, em São Paulo. Candidato a deputado federal por aquele estado, conquistou vaga de suplente ao propagar o uso de balas "contra a praga do javali, contra a esquerda e o MST".[64]

Entre agosto de 2017 e julho de 2018, o desmatamento da floresta amazônica cresceu 13,7%, e foram perdidos 7,9 mil quilômetros quadrados de cobertura vegetal, área cinco vezes maior que a da cidade de São Paulo.[65] Em novembro de 2019, o desmatamento da Amazônia alcançou o elevado índice de 29% de sua área. Há na região uma epidemia de garimpos ilegais. O bioma abriga mais de 2,5 mil áreas de mineração não regulamentadas, das quais 1/5 localizada em solo brasileiro.[66]

As chuvas do hemisfério sul se originam, sobretudo, nos chamados rios voadores, a condensação de nuvens formadas pela umidade projetada pela floresta amazônica. Uma árvore como a sumaúma projeta cerca de 1.000 litros de água por dia na atmosfera. Cada árvore é um imenso edifício de toneladas de carbono. Quando queimada, libera o carbono e, assim, favorece o aquecimento global.

"O que já está ruim pode piorar", afirmou Márcio Astrini, coordenador de Políticas Públicas do Greenpeace,[67]

---

64. *Carta Capital*, 19/12/2018, p. 34.
65. Dados dos ministérios do Meio Ambiente e da Ciência, Tecnologia, Inovações e Comunicações, novembro de 2018.
66. Mapa elaborado pela Rede Amazônica de Informação Socioambiental Georreferenciada (Raisg).
67. Em texto publicado a 9 de dezembro de 2018 pelo portal do Greenpeace.

sobre a indicação de Ricardo Salles, que já fez declarações polêmicas de apoio à ditadura e em defesa da pena de morte. Entre outros processos sofridos, em 2017 Salles se tornou réu em uma ação civil do Ministério Público de São Paulo, acusado de participar de alteração ilegal do zoneamento do plano de manejo da Área de Proteção Ambiental da Várzea do Rio Tietê, para favorecer empresas ligadas à Fiesp.

"Jair Bolsonaro já deixou claro que deseja reduzir o Ministério do Meio Ambiente a uma espécie de subsede do Ministério da Agricultura. A escolha do novo ministro apenas segue esta lógica", afirmou Astrini.

Durante a campanha eleitoral, o presidente eleito ganhou apoio da bancada ruralista do Congresso e se comprometeu com uma extensa agenda de retrocessos, ameaçando atacar as áreas de florestas protegidas, diminuir a atuação do Ibama e aprovar leis como a que libera o uso descontrolado de agrotóxicos no Brasil, além de enfraquecer o licenciamento ambiental.

Salles foi nomeado no momento em que a área ambiental recebia más notícias: o desmatamento da Amazônia registrara o maior índice dos últimos dez anos (2009-2019), e o Brasil acabava de retirar sua candidatura para sediar a COP-25 em 2019.[68] O ministro das Relações Exteriores, Ernesto Araújo, negou a existência das mudanças climáticas e prometeu colocar o país na contramão dos esforços realizados por mais de 190 países. Ao decidir que o Brasil não mais sediará a COP em 2019, Bolsonaro começou a

---

68. COP — Conferência do Clima das Nações Unidas, realizada pela primeira vez em Paris, em 2015.

O DIABO NA CORTE

93

cumprir sua lista de ameaças ao meio ambiente. Seguindo as promessas do presidente eleito, a principal função do novo ministro será a promoção de uma verdadeira agenda antiambiental, colocando em prática medidas que resultarão na explosão do desmatamento na Amazônia e na diminuição do combate ao crime ambiental.

No decorrer da campanha presidencial, enquanto Bolsonaro subia nas pesquisas, o Instituto Homem e Meio Ambiente da Amazônia (Imazon) detectou aumento de 72% no desmatamento da floresta, entre agosto e outubro de 2018. Veio abaixo uma área de 1.176 quilômetros de floresta nativa.[69]

Ao ser entrevistado pelo programa *Roda Viva*, da TV Cultura, de São Paulo,[70] o ministro Ricardo Salles defendeu a flexibilização da legislação ambiental, do autolicenciamento e a desimportância da agenda climática. Ao final da entrevista, o âncora Ricardo Lessa indagou que opinião tinha o ministro sobre Chico Mendes. Para espanto geral, Ricardo Salles respondeu: "Olha, eu não conheço Chico Mendes. Eu tenho certo cuidado em falar sobre coisas que eu não conheço". Após admitir sua ignorância sobre o principal ícone ambientalista do Brasil, o ministro prosseguiu: "Eu escuto histórias de todo lado. Dos ambientalistas mais ligados à esquerda, o enaltecimento de Chico Mendes. As pessoas que são do agro, que são da região, dizem que Chico Mendes não era isso que é contado... Que o Chico Mendes

---

69. *Época* n. 1070, 07/01/2019, p. 20.
70. Em 12/02/2019.

usava os seringueiros para se beneficiar, fazia manipulação da opinião...".

O âncora o interrompeu: "Beneficiar o quê? Ele morreu pobre". Salles retrucou: "O fato é que é irrelevante. Que diferença faz quem é o Chico Mendes nesse momento?" A jornalista Cristina Serra interveio: "Chico Mendes é uma liderança reconhecida pela ONU". Ao que o ministro rebateu: "Mas a ONU reconhece um monte de coisa errada também".[71]

---

71. Chico Mendes ficou conhecido no Brasil após receber, em 1988, o prestigiado Prêmio *Global 500 Roll of Honour*, concedido pela ONU, pela defesa do meio ambiente. Em seu discurso, previu que seria assassinado pela luta que travava no Acre. Líder seringueiro, criou o Sindicato dos Trabalhadores Rurais de Xapuri (AC) na década de 1970, quando então passou a receber ameaças de morte. Ajudou a fundar o PT na região (talvez decorra daí a antipatia do ministro, fundador do Movimento Endireita Brasil) e a organizar a União dos Povos da Floresta. Sua militância em favor do desenvolvimento sustentável da região incomodava os fazendeiros que expandiam as áreas de pasto derrubando extensas áreas de floresta.

Chico Mendes impedia o avanço dos tratores sobre a floresta recorrendo ao "empate", quando famílias inteiras (mulheres e crianças à frente) se sentavam de forma organizada próximo das máquinas para inibir a ação dos desmatadores. As ameaças de morte se intensificaram quando Chico teve contato direto com representantes do BID e do Senado dos EUA, e denunciou projetos financiados com recursos estrangeiros que ameaçavam as comunidades indígenas e a floresta. Quando o fluxo de dinheiro para o desmatamento minguou, a decisão de matá-lo ganhou força.

Chico Mendes foi assassinado aos 44 anos, na véspera do Natal de 1988, com tiros de escopeta, em sua casa, mesmo sob a escolta de dois policiais. Compareci ao seu enterro em companhia de Lula.

Os fazendeiros Darly Alves (mandante do crime) e o filho dele, Darcy Alves Ferreira (autor do disparo), foram condenados a 19 anos de prisão. Um ano depois do assassinato, o então presidente José Sarney — sob pressão da comunidade internacional e de várias organizações do Brasil, por não garantir a vida do líder seringueiro nem a proteção das florestas — criou o Ibama.

O DIABO NA CORTE

Eis o tipo de gente às quais o governo do Brasil está entregue.

Apologia ao nazismo

O secretário especial de Cultura — função equivalente à de ministro —, Roberto Alvim, foi defenestrado do governo pelo presidente Bolsonaro no dia 17 de janeiro de 2020, após se exibir em vídeo, para anunciar sua política cultural, em discurso no qual plagiava o nazista Joseph Goebbels.

No vídeo divulgado na noite de 16 de janeiro de 2020, Alvim, ao apresentar o Prêmio Nacional das Artes, disse que "a arte brasileira da próxima década será heroica e será nacional. Será dotada de grande capacidade de envolvimento emocional e será igualmente imperativa, posto que profundamente vinculada às aspirações urgentes de nosso povo, ou então não será nada". Como fundo musical, a ópera *Lohengrin*, de Richard Wagner, que Hitler tanto apreciava.

Goebbels, em discurso a 8 de maio de 1933, declarou: "A arte alemã da próxima década será heroica, será ferreamente romântica, será objetiva e livre de sentimentalismo, será nacional com grande páthos e igualmente imperativa e vinculante, ou então não será nada".[72]

Alvim, no cargo desde novembro, tentou se justificar ao ser demitido. Alegou se tratar de uma "coincidência retórica", e ainda reafirmou o que havia dito: "A origem é

---

72. Cf. o livro *Joseph Goebbels, uma biografia*, de Peter Longerich.

espúria, mas as ideias contidas na frase são absolutamente perfeitas e eu assino embaixo".

A reação em cadeia superou as expectativas do governo. O embaixador de Israel no Brasil, Yossi Shelley, telefonou para Bolsonaro e exigiu a demissão, assim como o presidente do Senado, Davi Alcolumbre (DEM-AP), que também é judeu.

A breve gestão do dramaturgo Alvim foi marcada por muitas polêmicas. Pouco antes de ser nomeado, e quando ainda exercia o cargo de diretor da Fundação Nacional das Artes (Funarte), ofendeu a atriz Fernanda Montenegro, ícone do teatro brasileiro.

Ele foi o terceiro nome a ocupar a pasta da Cultura. O primeiro, Henrique Pires, deixou a secretaria em agosto de 2019 por discordar da censura do governo a obras LGBT. Já o economista Ricardo Braga permaneceu apenas dois meses à frente da secretaria, sendo em seguida transferido para o Ministério da Educação.

O fato é que Bolsonaro dá mostras de concordar com as ideias e posições de Alvim, que apenas refletiu a ideologia do presidente da República. Após demitir Roberto Alvim, Bolsonaro convidou para o cargo a atriz Regina Duarte, apoiadora incondicional dele desde a campanha eleitoral.

ESCOLA SEM PARTIDO — DEVERES DETALHADOS

O projeto de lei (PL 7180/14) conhecido como Escola Sem Partido propõe adicionar à Lei de Diretrizes e Bases da Educação Nacional a obrigação de afixar em salas de aula esta lista de seis deveres do professor:

1) "O professor não se aproveitará da audiência cativa dos alunos para promover os seus próprios interesses, opiniões, concepções ou preferências ideológicas, religiosas, morais, políticas e partidárias".

Entenda-se: o professor não deve criar expectativa de "audiência cativa" na sala de aula. A balbúrdia, a anarquia e a bagunça generalizadas são sinais de boa pedagogia, contrária à ideia de que alunos são cativos e, portanto, escravos.

Convém ao professor, para evitar "promover os seus próprios interesses", não ter opiniões, concepções, nem preferências ideológicas, religiosas, morais, políticas e partidárias. Assim, recomenda-se às escolas manter um corpo docente de amebas.

2) "Não favorecerá nem prejudicará ou constrangerá os alunos em razão de suas convicções políticas, ideológicas, morais ou religiosas, ou da falta delas".

Entenda-se: é vetado o acesso à sala de aula de professores que tenham qualquer espécie de convicção ou não tenham nenhuma (a "falta delas"). Cabe à escola encontrar docentes anódinos e invertebrados, desprovidos de qualquer convicção.

3) "Não fará propaganda político-partidária em sala de aula nem incitará seus alunos a participar de manifestações, atos públicos e passeatas".

Entenda-se: o professor deve ensinar que a política é uma atividade danosa e os partidos, nefastos. E apontar como traidores da pátria, arruaceiros e vândalos todos que participaram de manifestações, atos políticos e passeatas, como Zumbi dos Palmares, Tiradentes, Frei Caneca, Gandhi, Mandela, Luther King, a jovem Malala, Chico Mendes e Marielle Franco, entre outros.

4) "Ao tratar de questões políticas, socioculturais e econômicas, apresentará aos alunos, de forma justa — isto é, com a mesma profundidade e seriedade —, as principais versões, teorias, opiniões e perspectivas concorrentes a respeito da matéria".

Entenda-se: cabe ao professor ser isento. Exemplo: ao tratar da atual economia do Brasil, deverá destacar as principais versões, a dos analistas da mídia, que ressaltam o aumento da pobreza e da violência, e insignificância do PIB e a disparada do desemprego. E também a versão do governo de que não há pessoas jogadas pelas calçadas, a violência e o desemprego estão sob controle, o PIB volta a crescer significativamente, bem como a abertura de novos postos de trabalho.

O DIABO NA CORTE

5) "Respeitará o direito dos pais dos alunos a que seus filhos recebam a educação religiosa e moral que esteja de acordo com as suas próprias convicções".

Em respeito ao direito de educação dos pais, os professores devem manter estrito silêncio quando um aluno bradar em classe "Viva Stálin!" e outro revidar "Viva Hitler!". Também não poderá impedir que alunos advoguem a submissão da mulher ao homem e a intolerância religiosa.

6) "Não permitirá que os direitos assegurados nos itens anteriores sejam violados pela ação de estudantes ou terceiros dentro da sala de aula".

Entenda-se: esse samba da pedagogia maluca deve soar em alto e bom som na sala de aula, de modo a formar alunos destituídos de consciência crítica, espírito de cidadania e atuação solidária.

As propostas de Bolsonaro para a Educação incluem adotar o modelo militar nas escolas de educação básica do país, administradas por estados e municípios, e cobrança de anuidades em universidades públicas federais.

ESCOLA COMPARTIDA

Eis um exemplo de Escola Compartida, democrática, oposta à proposta de Escola Sem Partido.

Confirmada a vitória de Bolsonaro em 29 de outubro de 2018, estudantes de Porto Alegre, alunos de uma escola pública (Aplicação) e três particulares (Marista Rosário, Bom Conselho e Santa Inês) promoveram manifestações contrárias ao eleito. Exibiram faixas com as cores LGBT+ e bradaram: "Seremos resistência!"

No Marista, outro grupo revidou vestido de verde e amarelo, empunhando a bandeira do Brasil e gritando: "Mito" e "Fora PT".

Pais bolsonaristas protestaram junto à direção das escolas e exigiram a expulsão dos manifestantes insatisfeitos com o resultado da eleição. O Marista esclareceu que a manifestação "foi espontânea e voluntária" e defendeu a liberdade de expressão: "Salientamos a importância de diálogo para a discussão sobre a promoção e a defesa dos direitos, fortalecendo a nossa missão de formar cidadãos comprometidos com a promoção da vida e da cultura de paz".

O Aplicação emitiu comunicado "em defesa da liberdade de expressão, e considera o ambiente escolar e universitário como um lugar plural, de discussão e pensamento crítico". Os outros dois colégios se posicionaram na mesma linha, ressaltando a isenção partidária.

O protesto dos jovens fez surgir na capital gaúcha a Associação Mães & Pais pela Democracia, suprapartidária, que acaba de lançar o livro *Educação com amor e liberdade — Ensaios sobre maternidade, paternidade e política* (Tomo Editorial), organizado por Aline Kerber, socióloga especialista em segurança pública.

Os depoimentos reunidos são impactantes pelo modo como mães e pais, todos profissionais liberais com graduação universitária, declaram que anseiam ver seus filhos, quando adultos, livres de preconceitos e atitudes discriminatórias. Descrevem o que significa ser pai e mãe nessa conjuntura, na qual ainda vigoram o racismo, o trabalho infantil, a perseguição ideológica e as tentativas de impor nas escolas o pensamento único contrário aos direitos humanos.

A Associação Mães & Pais pela Democracia reage contra os pais que, à porta das escolas e pelas redes digitais, defendem o medo, a educação acrítica, e até mesmo absurda, quando abraçam a hipótese de que "a Terra é plana", e consideram a educação escolar mera mercadoria pela qual pagam e, portanto, se sentem no direito de tratar os professores como seus empregados.

Sublinha Diana Corso no prefácio: "como todos os ideais, a capacidade de ser democráticos se demonstra na prática: nossos filhos não se pautam pelo que dizemos, eles se formam a partir do que observam que realmente fazemos".

Na Escola Compartida ou Compartilhada, pais, professores, alunos e funcionários se empenham na formação, não apenas de profissionais qualificados para o mercado de trabalho, mas, sobretudo, de cidadãos dotados de consciência crítica e responsabilidade social.

O Brasil precisa exorcizar, urgentemente, sua herança escravagista, que faz o patrão se julgar dono do funcionário; o doutor se considerar melhor que o analfabeto; o político mirar os eleitores como mera massa de manobra. Não há ninguém mais culto do que outro. Existem culturas distintas e socialmente complementares. O juiz é mais culto do que a cozinheira analfabeta? Faça-se a pergunta: quem pode prescindir da cultura do outro? É um engodo confundir escolaridade com cultura. Grandes atrocidades foram cometidas por pós-doutorados, como as bombas atômicas de Hiroshima e Nagasaki.

Sem base ética e liberdade de expressão, a educação se torna mero adestramento para fomentar, na expressão de La Boétie, a "servidão voluntária", o que será agravado com essa nova medida do governo Bolsonaro de criar um canal para receber denúncias contra professores. Eis o Ministério da Deseducação.

GOVERNAR PELO MEDO

Esta é a hora dos avatares e arrivistas. Abaixo os políticos e bem-vindos os que politicamente encarnam a antipolítica, como Bolsonaro no Brasil e Trump nos EUA.

Uma poderosa máquina ideológica, favorável à privatização do Estado, induz o povo a não acreditar mais em políticos, partidos e no poder público. Agora, cada um por si e Deus por mim. Depois da satanização do socialismo, chegou a vez do repúdio à democracia liberal voltada à promoção da igualdade de direitos. Nem o pacto que lançou as bases do Estado de bem-estar social merece crédito.

As desigualdades se aprofundam. E o sistema já não encara como problema, e sim como solução, os crescentes endividamentos dos pobres e enriquecimento dos ricos.

No filme *Batman — O cavaleiro das trevas*, o Coringa sugere: "Introduza um pouco de anarquia. Perturbe a ordem vigente, e tudo se torna o caos. E sabe qual é a chave do caos? O medo!"

O medo leva as pessoas a trocar a liberdade pela segurança. Os condomínios de ricos são verdadeiras penitenciárias de luxo. Os gastos com empresas de segurança, blindagem de veículos e equipamentos de controle são exorbitantes. E o governo se transforma em garoto-propaganda da indústria bélica.

A paz, que todos almejamos, não virá como fruto da justiça, conforme propôs o profeta Isaías (32: 17), e sim do equilíbrio de forças. Comprem armas, inscrevam-se em academias de tiro, transformem suas casas em arsenal! *Pátria armada, Brasil!*

Se o Estatuto do Desarmamento, como sinal amarelo para a posse e o porte de armas, não impede que bandidos possuam armas privativas das Forças Armadas, é fácil imaginar o que ocorrerá com o sinal verde. O Brasil, campeão mundial de homicídios, com mais de 60 mil assassinatos por ano, recebe agora incentivo estatal para o comércio de armas. E em nenhum momento o governo se pergunta pelas causas de tamanha violência. Combater seus efeitos equivale a tentar apagar incêndio com gasolina. Como dizia Darcy Ribeiro, quanto menos escolas, mais cadeias.

Muitas são as propostas para cortar gastos do governo, coroadas pela "miraculosa" reforma da Previdência. E nada de medidas para arrecadar mais, como o imposto progressivo.

O governo nem cogita suprimir o pacote de bondades à turma do andar de cima — isenções, subsídios, créditos facilitados, anistias fiscais etc.

Segundo os economistas Eduardo Fagnani e Pedro Rossi (2018), gastos de 1% do PIB com educação e saúde gerariam, respectivamente, crescimento de 1,85% na educação e 1,7% na saúde. No Bolsa Família e na Previdência, cada 1% do PIB de investimento a mais eleva a renda das famílias em 2,25% (Bolsa Família) e 2,11% (Previdência).

Não é no grito que se governa uma nação e se promove o desenvolvimento. Isso exige algo que muitos eleitos não querem e não sabem fazer: política. A arte de buscar consenso e erradicar as causas dos mais graves problemas. Mas isso não é para amadores.

NATURALIZAÇÃO DO HORROR

Em 1934, o embaixador José Jobim (assassinado pela ditadura, no Rio, em 1979) publicou o livro *Hitler e seus comediantes* (Editora Cruzeiro do Sul). Descreve a ascensão do líder nazista recém-eleito, e a reação do povo alemão diante de seus abusos. Não se acreditava que ele haveria de implantar um regime de terror. "Ele não gosta de judeus", diziam, "mas isso não deve ser motivo de preocupações. Os judeus são poderosos no mundo das finanças, e Hitler não é louco de fustigá-los". E sabemos todos no que deu.

Estou convencido de que Bolsonaro sabe o que quer e tem projeto de longo prazo para o Brasil. Adota uma estratégia bem arquitetada. Enumero 10 táticas mais óbvias:

1. Despolitizar o discurso político e impregná-lo de moralismo. Jamais demonstra preocupação com saúde, desemprego, desigualdade social. Seu foco não é o atacado, é o varejo: vídeo com "golden shower"; filme da *Bruna surfistinha*; kit gay (que nunca existiu); proteção da moral familiar etc. Isso toca o povão, mais sensível à moralidade que à racionalidade, aos costumes que às propostas políticas. Como disse um evangélico, "votei em Bolsonaro porque o PT iria fazer nossos filhos virarem gays".

O DIABO NA CORTE

2. Apropriar-se do Cristianismo e convencer a opinião pública de que ele foi ungido por Deus para consertar o Brasil. Seu nome completo é Jair Messias Bolsonaro. Messias em hebraico significa 'ungido'. E ele se acredita predestinado. Hoje, 1/3 da programação televisiva brasileira é ocupado por Igrejas Evangélicas pentecostais ou neopentecostais. Todas pró-Bolsonaro. Em troca, ele reforça os privilégios delas com isenção de impostos e multiplicação das concessões de rádio e TV.

3. Sobrepor o seu discurso, desprovido de fundamentos científicos, aos dados consolidados das ciências, como na proibição de figurar o termo 'gênero' nos documentos oficiais e dar ouvidos a quem defende que a Terra é plana.

4. Afrouxar leis que possam imprimir no cidadão comum a sensação de que "agora, sou mais livre", como dirigir sem habilitação; reduzir os radares; desobrigar o uso de cadeirinha para bebês etc.

5. Privatizar o sistema de segurança pública. Melhor do que gastar com forças policiais e ampliação de cadeias é possibilitar, a cada cidadão "de bem", a posse e o porte de armas, e o direito de atirar em qualquer suspeito. E, sem escrúpulos, ao ser perguntado o que tinha a declarar diante do massacre de 57 presos (sob a guarda do Estado) no presídio de Altamira, em julho de 2019, respondeu: "Pergunta às vítimas".

6. Desobstruir todas as vias que possam dificultar o aumento do lucro dos grandes grupos econômicos que o apoiam, como o agronegócio: isenção de impostos; subsídios a rodo; suspensão de multas; desativação do Ibama; diferençar "trabalho análogo à escravidão" de trabalho escravo

e permitir a sua prática; sinal verde para o desmatamento e invasão de terras indígenas. Estes são considerados párias improdutivos, que ocupam despropositadamente 13% do território nacional e impedem que sejam exploradas as riquezas ali contidas, como água, minerais preciosos e vegetais de interesse das indústrias de produtos farmacêuticos e cosméticos.

7. Aprofundar a linha divisória entre os que o apoiam e os que o criticam. Demonizar a esquerda e os ambientalistas, ameaçar com novas leis e decretos a liberdade de expressão que desgasta o governo (The Intercept Brasil), incutir a xenofobia no sentimento nacional.

8. Alinhamento acrítico e de vassalagem à direita internacional, em especial a Donald Trump, e modificar completamente os princípios de isonomia, independência e soberania que, há décadas, regem a diplomacia brasileira.

9. Naturalizar os efeitos catastróficos da desigualdade social e do desequilíbrio ambiental, de modo a se isentar de atacar as causas.

10. Enfim, deslegitimar todos os discursos que não se coadunam ao dele. Michel Foucault, em *A ordem do discurso* (2007), alerta para os sistemas de exclusão dos discursos: censura; segregação da loucura; e vontade de verdade. O discurso do poder se julga dono da verdade. Não por acaso, na campanha eleitoral, Bolsonaro adotou, como aforismo, o versículo bíblico "Conhecereis a verdade, e a verdade vos libertará" (João 8, 32). A verdade é ele e seus filhos. Seu discurso é sempre impositivo, de quem não admite ser criticado.

Na campanha eleitoral, a empresa BS Studios, de Brasília, criou o jogo eletrônico Bolsomito 2K18. No game, o

O DIABO NA CORTE

jogador, no papel de Bolsonaro, acumulava pontos à medida que assassinava militantes LGBT+, feministas e do MST. Na página no Steam, a descrição do jogo: "Derrote os males do comunismo nesse game politicamente incorreto, e seja o herói que vai livrar uma nação da miséria. Esteja preparado para enfrentar os mais diferentes tipos de inimigos que pretendem instaurar uma ditadura ideológica criminosa no país. Muita porrada e boas risadas". Diante da reação contrária, a Justiça obrigou a empresa a retirar o jogo do ar.

Mas o governo é real. Dissemina o horror e enxerga em quem se opõe a ele o fantasma do comunismo.

LÓGICA DO PODER

Uma observação de Voltaire (1694-1778) ajuda a entender por que tantas pessoas emitem ofensas nas redes digitais e, assim, revelam mais a respeito do próprio caráter do que do perfil de quem é desrespeitado. "Ninguém se envergonha do que faz em conjunto", escreveu em *Deus e os homens*.

Isso explica a insanidade dos linchamentos virtuais e a violência gerada pelo preconceito, como bem demonstra o filme *Infiltrado na Klan*, de Spike Lee, vencedor do Oscar de melhor roteiro adaptado em 2019.

Muitos de nós jamais ofenderíamos pessoalmente um interlocutor com injúrias e palavrões. No entanto, há quem seja capaz de replicar nas redes digitais ofensas a inúmeras pessoas, sem sequer se dar ao trabalho de apurar se a informação procede.

Ao ser humano é dada a capacidade de discernimento, atributo que lhe permite o exercício da liberdade. Há, contudo, quem prefira abdicar desse direito de optar livremente. Prefere deixar que as decisões sejam tomadas pelo líder, guru ou mentor do grupo social com o qual a pessoa se identifica. Opta pela "servidão voluntária", na expressão de La Boétie (1530-1563). E todos que não comungam o seu credo são considerados inimigos, hereges ou traidores, e devem ser varridos da face da Terra.

Essa submissão de uma pessoa à vontade do outro ocorre em partidos políticos, empresas, associações e, sobretudo, em segmentos religiosos. No caso de Igrejas, a dominação ideológica é legitimada pela suposta vontade de Deus ecoada pela voz do pastor ou do padre. Assim, difunde-se uma perigosa teodiceia pela qual tudo se explica pela lógica divina, ainda que a humana não consiga digeri-la.

Se há uma catástrofe como a de Brumadinho (MG), em janeiro de 2019, se estou desempregado, se perco um filho atingido por bala "perdida", não devo protestar ou lamentar. Deus tinha algo em mente para permitir que tais desgraças acontecessem. Assim, a teodiceia se transforma em panaceia.

É o recurso da apatia como anestesia da consciência. O exemplo paradigmático é o extermínio das vítimas do nazismo. A ordem genocida não saía da cabeça de um tresloucado, e sim de quem tinha plena (e tranquila) consciência do que fazia, como demonstrou Hannah Arendt.

A ordem inicial se desdobrava em sequência. Um dirigia o caminhão até o alojamento dos presos; outro os encaminhava ao veículo; outro ordenava se despirem e distribuía toalhas e sabão; outro apertava o botão vermelho; e, por fim, um grupo retirava os corpos da câmara de gás sem a menor ideia por que foram mortos. Processo confirmado pela descoberta, em 1980, dos relatos escritos pelo grego Marcel Nadjari e guardados no interior de uma garrafa térmica enterrada no solo de Auschwitz, onde ele, prisioneiro, fazia parte do Sonderkommando, a equipe que retirava os cadáveres das câmaras de gás.[73]

Isso se repete hoje em instituições que controlam o mercado financeiro mundial, como o FMI e o Banco Mundial. Ao propor ajustes fiscais, austeridade, teto de gastos a países periféricos, seus oráculos não são movidos por um sentimento de maldade para com povos que verão agravada sua situação de pobreza. Eles seguem a lógica do sistema: esses países tomaram dinheiro emprestado de credores nacionais e internacionais e, agora, precisam honrar suas dívidas. Ainda que isso signifique aumento da mortalidade infantil e do desemprego.

Esta é a lógica do poder, que nem sempre leva em conta os direitos dos subalternos. Isso vale para os casos de feminicídio, nos quais o homem agride a mulher; dos neonazistas que odeiam negros e judeus; dos internautas que vociferaram porque a Justiça permitiu que Lula, prisioneiro, comparecesse ao sepultamento do neto.

Como frisou o filósofo e poeta Gaston Bachelard (1884-1962), "quanta amargura há no coração de um ser que a doçura corrói".

---

73. Cf. https://www.bbc.com/portuguese/internacional-42193700

OUTROS TEMAS

OUTROS
TEMAS

COLONIALIDADE

A modernidade teve início em 1492, quando Colombo aportou em nosso continente? Por que qualificar de modernidade a expansão mercantilista das frotas marítimas de Espanha, Portugal, Inglaterra, França e Holanda?

Melhor qualificá-la de colonialidade. As investidas europeias no Oriente, na África e no Novo Mundo se caracterizaram por pilhagem de bens naturais, como ouro, prata e especiarias, e exploração do trabalho escravo de indígenas e negros.

Como assinala o filósofo Enrique Dussel (1979)[74], o mito da modernidade como progresso e luzes contribuiu para a "justificação de uma práxis irracional de violência". Os povos dominados foram subjugados. A empresa colonial se revestia do manto da religião para legitimar a invasão para "o bem da salvação das almas".

A cultura passa, então, a ter como eixo o eurocentrismo. Invasão é denominada "descobrimento"; subjugar os "bárbaros", processo civilizatório; saque e genocídio, sacrifícios inevitáveis para o avanço do progresso.

---

74. Enrique Dussel. *Los obispos hispanoamericanos y la liberacion de los pobres* (1504-1620). México: CRT, 1979.

O eurocentrismo ainda hoje é estampado em mapas-múndi, cujo centro é ocupado pela Europa. Todos os territórios em volta são considerados periferia e, como tal, os reinos europeus se sentiram no direito de impor uma economia mercantilista-capitalista; uma sociedade racista; uma cultura excludente e patriarcal.

A colonialidade é "a face oculta da modernidade" (Walter Mignolo, 2007[75]). Empreende-se, portanto, um processo acelerado de "naturalização". Primeiro, da desigualdade entre colonizador e colonizado. Inventa-se o conceito de raça, que carece de base científica por não se sustentar na estrutura biológica da espécie humana. Assim, os colonizadores se denominaram "brancos" em contraponto "natural" aos "negros, amarelos e vermelhos", considerados "de cor". Mesmo entre os brancos havia a distinção de nobres possuidores de "sangue azul", que ao evitarem a exposição ao sol ressaltavam-se as veias azuladas sob a pele alva.

As supostas diferenças biológicas, portanto, justificariam a noção de raça e a superioridade dos "civilizados" sobre os "incivilizados". Ainda hoje vigora na visão de muitos civis e policiais que negro é sempre suspeito, e moradores de favela e bairros da periferia são potencialmente perigosos. A territorialidade delimita e "naturaliza" a desigualdade social, e estabelece os limites entre os "cidadãos de bem" e os que ameaçam a ordem pública...

Quem assimila essa ideologia imposta pelo colonizador ignora, ou prefere ignorar, que o progresso da Europa

---

75. Walter Mignolo. *La idea de América Latina. La herida colonial y la opción decolonial*. Barcelona: Gedisa, 2007.

Ocidental e dos EUA resulta da exploração secular da "periferia" do mundo. Basta pesquisar a história das nações africanas; do Japão e da China (a guerra do ópio); da América Latina e do Caribe. E conferir o destino de nossas riquezas naturais e identificar, em nossas cidades, a logomarca das grandes empresas transnacionais que dominam as nossas economias, todas sediadas nos EUA ou na Europa Ocidental.

Como nos acusar de inferioridade cultural? Há nos atuais países metropolitanos algo parecido com a Muralha da China e as pirâmides do Egito? Onde foram escritos a Bíblia e o Alcorão? Como os habitantes do Novo Mundo eram incultos, se os maias utilizavam o zero muito antes dos europeus e faziam previsões meteorológicas precisas? Cortés, ao invadir o México em 1519, encontrou uma cidade de 500 mil habitantes edificada por cima de um lago pantanoso. E seria incivilidade nossos indígenas usarem o ouro como mero adorno e não fator de cobiça e guerras? Quem inventou o papel, o sismógrafo, a bússola, o álcool e a pólvora? Os chineses.

Portanto, convém rever nossos conceitos de progresso, desenvolvimento e civilização. E nos livrar dessa cultura que nos torna cegos ao entorno e nos induz a idolatrar aqueles que ainda hoje nos espoliam e infundem o complexo de vira-latas.

DECADÊNCIA DO OCIDENTE

Chegou a vez de o Oriente merecer o lugar de destaque até então ocupado pelo Ocidente. A liderança mundial dos EUA vem sendo minada pela ascensão econômica da China, da Rússia e da Índia. E, como se sabe, o sonho europeu se desvanece desde a crise financeira de 2008.

Finda a Guerra Fria, em 1989, os EUA se apoderaram da hegemonia global, com supremacia econômica, bélica, tecnológica e ideológica. Hoje, entretanto, o mundo é multipolar. O peso dos países ocidentais na economia do planeta é de 56% (em 2019). E, pelo andar da carruagem, em 2030 será de apenas 25%. Em menos de 15 anos, o Ocidente perderá mais da metade de sua hegemonia econômica.

Isso poderá resultar em mais paz para a humanidade, já que os EUA não terão fôlego para se arrogar em polícia do mundo.

As nações ocidentais cometem erros no combate ao terrorismo. Querem erradicá-lo adotando o mesmo método: a força bruta. Fracassaram no Iraque (2003), na Líbia (2011), no Afeganistão (2012) e, agora, na Síria, onde se unem à Arábia Saudita, Turquia e Qatar para apoiar os terroristas sunitas no intuito de derrubar Bachar El Assad, apoiado pela Rússia e o Irã.

Para se afirmar como potência mundial, a China, cedo ou tarde, terá de encarar sua mais forte contradição: a de um Estado comunista autoritário que administra uma implacável economia capitalista. Precisará decidir entre a crescente acumulação do lucro obtido com a sua mão de obra barata, o que dilata a desigualdade social, ou enfrentar essa disparidade, investir em projetos sociais e reduzir seu crescente processo acumulativo.

Desde o fim da Segunda Grande Guerra, os EUA saíram vitoriosos apenas na Guerra Fria, com o fim da União Soviética. Fracassaram em Cuba (1961), no Vietnã (1975), na Nicarágua sandinista (1979), no Iraque (1988) e na Somália (1994). Como no conflito bíblico entre Davi e Golias, nem sempre o mais forte vence.

As nações ocidentais ainda se ressentem da crise financeira de 2008. A democracia perde credibilidade. A política da antipolítica ganha adeptos e espaços. A unidade europeia é ameaçada pelo Brexit e ocorre a ascensão da direita e da xenofobia nas disputas eleitorais. Valores e instituições entram em crise e geram descontentamento, medo e ódio.

Trump vence a eleição graças ao discurso anti-Wall Street e antimídia; o "não" ao tratado de paz, entre guerrilha e governo, ganha na Colômbia; e golpes de Estado derrubam presidentes legítima e democraticamente eleitos em Honduras, Paraguai, Brasil e Bolívia.

O velho retorna com cara nova. A falta de esperança no horizonte suscita o desespero. Apenas o papa Francisco aponta luz no fim do túnel. Mas há que percorrer o túnel.

A GAIOLA NEOLIBERAL

Ao contrário do liberalismo, o neoliberalismo defende a supremacia do mercado e a redução do Estado a mero operador de interesses corporativos privados. A democracia, entendida como participação popular, é um estorvo para o neoliberalismo. Como certo general brasileiro, não suporta "cheiro de povo".

Já em 1975, no Relatório Rockefeller que enunciou as bases da Comissão Trilateral (EUA, Europa e Japão), os autores se queixavam do "excesso de democracia" e admitiam, sem nenhum constrangimento, que ela só funciona se há certo grau de apatia por parte da população e desinteresse de indivíduos e grupos.

Max Weber já nos havia advertido sobre a tirania do mercado que constitui, em nossas vidas — da subjetividade mais íntima à atividade política —, a "gaiola de ferro" da qual não é fácil se livrar. O mercado de tudo se apropria. E transfere a culpa de seus males à responsabilidade do Estado.

Na década de 1960, fome, devastação ambiental, corrupção, desemprego etc. eram apontados como (de)efeitos do capitalismo. Hoje, são atribuídos à inépcia do Estado.

O DIABO NA CORTE

Eis o grande vilão responsável por todas as mazelas sociais e econômicas. Daí o açodamento para a aprovação das reformas trabalhista e previdenciária propostas por Temer e Bolsonaro, de modo a fazer retroceder os direitos trabalhistas duramente conquistados, anular o papel do Estado como árbitro das questões sociais e restringir os direitos dos trabalhadores às parcas concessões patronais formalizadas em acordos privados.

O neoliberalismo é a nova razão do mundo. Promove a desdemocratização, na medida em que favorece a formação de monopólios e oligopólios. Dos bancos aos meios de comunicação. A pirâmide social e cultural se afunila sempre mais.

No neoliberalismo vigora a teologia da culpa. Em tese, o Deus Mercado oferece a todos iguais oportunidades. Se na prática reina brutal desigualdade, a culpa é daqueles que não souberam evitar o próprio fracasso...

Pergunte a um cidadão de pouca escolaridade o que é neoliberalismo. É provável que não saiba responder. Pergunte então o que pensa da vida, do país e do mundo. Certamente expressará essa ideologia do sucesso individual e da supremacia de uns sobre outros, que legitima todo tipo de preconceito e discriminação.

Duas áreas nas quais o neoliberalismo investe pesado são educação e cultura. Os livros didáticos são submetidos à lupa da censura do que hoje se denomina Escola Sem Partido. A cultura é reduzida a mero entretenimento. A grande mídia exalta o mercado e execra o Estado. Se este favorece a maioria da população, isso é populismo. A finalidade do

Estado é alavancar o crescimento das grandes empresas, a elevação dos índices da Bolsa de Valores, engordar as corporações financeiras e garantir a segurança do jogo mercantil contra o descontentamento e, quiçá, a revolta dos excluídos de suas benesses (greves, manifestações etc.).

O neoliberalismo é uma praga que só pode ser combatida com um antídoto: o neossocialismo ou o ecossocialismo.

GLOBALIZAÇÃO DA INDIFERENÇA

Ao encerrar o III Encontro dos Movimentos Populares, no Vaticano, em novembro de 2016, o papa Francisco denunciou "a globalização da indiferença" frente à pobreza mundial e ao drama dos refugiados que, pelas águas do Mediterrâneo, tentam alcançar a Europa. Até meados de novembro daquele ano haviam morrido afogados, na travessia do Mediterrâneo, 4.600 refugiados, um recorde mundial segundo a Organização Internacional para Imigrações.

Essa indiferença se retrata na avareza das nações ricas. A ONU procura amenizar o sofrimento humano com ajuda às vítimas de conflitos e desastres naturais. Para isso, literalmente passa o chapéu entre as quase 200 nações que lhe são filiadas.

Não espera que todas colaborem, pois sabe que a maioria deve lidar com as vítimas em seus próprios territórios. Espera, contudo, que os países ricos do G-7 e do G-20 sejam solidários.

O G-7, integrado por EUA, Alemanha, Reino Unido, Japão, Canadá, França e Itália, concentra 64% da riqueza líquida global, o equivalente a US$ 263 trilhões. Para se ter uma ideia comparativa, o PIB do Brasil, em 2018, foi de US$ 1,7 trilhão.

Para John Ging, chefe do Escritório de Coordenação de Assuntos Humanitários da ONU, isso demonstra a insensibilidade dos governos para com aqueles que são vítimas da violência (guerras, terrorismo etc.) e do desequilíbrio ambiental (tsunamis, terremotos, enchentes, incêndios, secas prolongadas etc.).

Recursos, materiais (dinheiro, tecnologia etc.) e naturais (terras, áreas ociosas etc.), há de sobra no mundo. Deus criou a terra, e o diabo, as cercas. O que falta é justiça. E frente à "globalização da indiferença", só resta aos militantes da utopia fazer a diferença na busca incessante de outros mundos possíveis.

COMO ENDIREITAR
UM ESQUERDISTA

Ser de esquerda é, desde que essa classificação surgiu na Revolução Francesa, optar pelos pobres, indignar-se frente à exclusão social, inconformar-se com toda forma de injustiça ou, como dizia o filósofo italiano Norberto Bobbio, considerar aberração a desigualdade social.

Ser de direita é tolerar injustiças, considerar os imperativos do mercado acima dos direitos humanos, encarar a pobreza como nódoa incurável, julgar que existem pessoas e povos intrinsecamente superiores a outros.

Ser esquerdista — patologia diagnosticada por Lênin como "doença infantil do comunismo" — é ficar contra o poder burguês até fazer parte dele. O esquerdista é um fundamentalista em causa própria. Encarna todos os esquemas religiosos próprios dos fundamentalistas da fé. Enche a boca de dogmas e venera um líder. Se o líder espirra, ele aplaude; se chora, ele entristece; se muda de opinião, ele rapidinho analisa a conjuntura para tentar demonstrar que na atual correlação de forças...

O esquerdista adora as categorias acadêmicas da esquerda, mas iguala-se ao general Figueiredo e ao capitão Bolsonaro num ponto: não suporta cheiro de povo. Para ele, povo é aquele substantivo abstrato que só lhe parece concreto na hora de cabalar votos. Então se acerca dos pobres, não preocupado com a situação deles, e sim com um único intuito: angariar votos para si e/ou para sua corriola. Passadas as eleições, adeus trouxas, e até o próximo pleito!

Como o esquerdista não tem princípios, apenas interesses, nada mais fácil do que endireitá-lo. Dê-lhe um bom emprego. Não pode ser trabalho, isso que obriga o comum dos mortais a ganhar o pão com sangue, suor e lágrimas. Tem que ser um desses empregos que pagam bom salário e concedem mais direitos que exige deveres. Sobretudo se for no poder público. Pode ser também na iniciativa privada. O importante é que se sinta aquinhoado com um significativo aumento de sua renda pessoal.

Isso acontece quando ele é eleito ou nomeado para uma função pública ou assume cargo de chefia numa empresa particular. Imediatamente abaixa a guarda. Nem faz autocrítica. Simplesmente o cheiro do dinheiro, combinado com a função de poder, produz a imbatível alquimia capaz de virar a cabeça do mais retórico dos revolucionários.

Bom salário, função de chefia, mordomias, eis os ingredientes para inebriar o esquerdista em seu itinerário rumo à direita envergonhada — a que age como tal, mas não se assume. Logo, muda de amizades e caprichos. Troca a cachaça pelo vinho importado, a cerveja pelo uísque escocês, o apartamento pelo condomínio fechado, as rodas de bar pelas recepções e festas suntuosas.

Se um companheiro dos velhos tempos o procura, ele despista, desconversa, delega o caso à secretária, e à boca pequena se queixa do "chato". Agora todos os seus passos são movidos, com precisão cirúrgica, rumo à escalada do poder. Adora conviver com gente importante, empresários, ricaços, latifundiários. Delicia-se com seus agrados e presentes. Sua maior desgraça seria voltar ao que era, desprovido de afagos e salamaleques, cidadão comum em luta pela sobrevivência.

Adeus ideais, utopias, sonhos! Viva o pragmatismo, a política de resultados, a cooptação, as maracutaias operadas com esperteza (embora ocorram acidentes de percurso. Neste caso, o esquerdista conta com o pronto socorro de seus pares: o silêncio obsequioso, o faz de conta de que nada houve, hoje foi você, amanhã pode ser eu...).

Lembrei-me dessa caracterização porque, dias atrás, encontrei em um evento um antigo companheiro de movimentos populares, cúmplice na luta contra a ditadura. Perguntou se eu ainda mexia com essa "gente da periferia". E pontificou: "Que burrice a sua largar o governo. Lá você poderia fazer muito mais por esse povo".[76]

Tive vontade de rir diante daquele companheiro que, outrora, faria um Che Guevara sentir-se um pequeno--burguês, tamanho o seu aguerrido fervor revolucionário.

---

76. Fui assessor especial do presidente Lula em 2003 e 2004, atuando no Programa Fome Zero. As razões de minha saída do governo estão nos livros, editados pela Rocco, *A mosca azul* e *Calendário do Poder*.

Contive-me, para não ser indelicado com aquela figura ridícula, cabelos engomados, trajes finos, sapatos de calçar anjos. Apenas respondi: "Tornei-me reacionário, fiel aos meus antigos princípios. E prefiro correr o risco de errar com os pobres do que ter a pretensão de acertar sem eles".

DESPOLITIZAR A POLÍTICA

A direita muda a retórica, não os métodos e objetivos. Para defender o mercado financeiro e os rentistas, adota eufemismos, como chamar o arrocho de ajuste fiscal. Para impor sua ideologia neoliberal, faz a campanha da Escola Sem Partido.

A mais recente moda política é a despolitização da política. Agora a falácia é o partido sem políticos e os políticos apolíticos... O Lobo Mau se disfarça de Chapeuzinho Vermelho, e as vovozinhas ingênuas aplaudem os gestores que prometem governar a coletividade como administram suas empresas — muito dinheiro em caixa, graças à privatização do patrimônio público, e pouco respeito aos direitos dos cidadãos.

Vejam a contradição: o sujeito se inscreve em um partido político, é apontado candidato na convenção do partido, faz campanha pelo partido, recebe recursos do fundo partidário, enche a boca de propostas e promessas políticas... e diz que não é político!

É o quê? Como se fosse possível alguém ser apolítico! Pobre Aristóteles! Há quem acredite que sim. A minha tia, por exemplo, do alto de seus 96 anos. Isso não significa que ela não faça política. Faz, como todo mundo. Por omissão ou participação.

Quem se omite, resguardado pela indiferença ou envenenado pelo nojo, passa cheque em branco aos atuais políticos e à política vigente. Quem não gosta de política é governado por quem gosta. E tudo que os maus políticos mais querem é que os cidadãos fechem os olhos a seus desmandos e às suas maracutaias.

Muitos participam ao reforçar ou tentar mudar a política vigente. Não apenas através do voto. Também via movimentos sociais, ONGs, sindicatos, associações, partidos, atividades artísticas etc.

O neoliberalismo é mestre em artimanhas linguísticas. Insiste em tentar rimar capitalismo e democracia; apregoa que a livre-iniciativa regula a distribuição de riquezas (o que a história jamais comprovou); defende ardorosamente a propriedade privada (nunca o direito àqueles que não a possuem); qualifica de crescimento econômico a piramidização da riqueza sobre a base da pobreza e da miséria.

Agora o vocábulo em voga, no intento de desconstruir o adversário, é "ideologia". Sem jamais ter lido Tracy, Marx, Thompson, Mannheim, Gramsci ou Foucault, quem se coloca na defensiva tenta desmerecer o outro ou uma proposta qualificando-a de "ideológica". Como se houvesse alguém destituído de ideologia. Isso me recorda o pavor dos pais ao ler, no diagnóstico médico, que o filho contraíra *Tunga penetrans*. Um simples bicho-de-pé...

O objetivo é o que se vê na atual orientação do Ministério da Educação: evitar que os alunos tenham consciência crítica, abracem a utopia de "outros mundos possíveis" e tornem-se protagonistas de transformações sociais. Uma sociedade de dóceis cordeiros comandada por lobos sagazes.

Há quem acredite em Papai Noel. E ainda admita que o bom velhinho cometa, no Natal, a maldade de presentear fartamente os ricos e deixar os pobres de mãos vazias. Portanto, não é de estranhar que haja quem reconheça um político apolítico, travestido de bom gestor capaz de presentear a população com uma administração cinco estrelas. Quem viver verá.

PÓS-DEMOCRACIA

O banqueiro David Rockefeller declarou à *Newsweek International*, em fevereiro de 1999: "Nos últimos anos, há uma tendência à democracia e à economia de mercado em muitas partes do mundo. Isso reduziu o papel dos governos, algo favorável aos homens de negócios. (...) Mas a outra face da moeda é que alguém tem que tomar o lugar dos governos, e o *business* me parece a instituição lógica para fazê-lo".

A queda do Muro de Berlim, em 1989, marca a rejeição ao estatismo. Em 1979, Friedrich Hayek, guru do neoliberalismo, já advogava "destronar a política" em nome da "espontaneidade" do mercado: "A política assumiu lugar importante demais, tornou-se muito onerosa e prejudicial, absorvendo muita energia mental e recursos materiais".

É o que vem acontecendo mundo afora. Decepcionados com a política e os políticos, os eleitores são convencidos a escolher empresários, na esperança de que governem o país tão bem quanto o fizeram em seus empreendimentos. Na longa lista de empresários alçados a governantes destaco Silvio Berlusconi (1994) na Itália; Sebastián Piñera

(2010 e 2018) no Chile; Mauricio Macri (2015) na Argentina; Donald Trump (2016) nos EUA; e Emmanuel Macron (2017) na França.

Esses homens nutriam a ambição de gerir o Estado como uma empresa familiar, como prometeu Recep Erdogan ao assumir o governo da Turquia. Nessa ótica, as instituições democráticas são desprestigiadas e encaradas como estorvo ao desempenho do presidente-CEO. Este, convencido de seu carisma, adota uma prática "decisionista", termo criado pelo jurista nazista Carl Schmitt em seu *Teologia política* (1922) para expressar o modo de tomar decisões com autoridade e determinação, sem se preocupar com as consequências.

Ocorre, portanto, um processo de enfraquecimento do Estado e fortalecimento das corporações empresariais e da instituição fiadora da liberdade do capital sobre os direitos de cidadania, as Forças Armadas. O Estado, agora uma instituição híbrida, é despolitizado, reduzido à função de mero gestor, o que explica a supressão de Filosofia e Sociologia em universidades públicas. E as corporações assumem o papel de novos sujeitos políticos e seus tentáculos se estendem pelas malhas do Estado, como o comprova a Lava Jato, sobretudo nos casos da Petrobras e da Odebrecht, e as bancadas corporativas no Congresso Nacional.

Fenômeno semelhante ocorreu com a modernidade ao desbancar a reforma gregoriana dos séculos XI e XII, quando o Estado-Igreja cedeu lugar às instituições democráticas, ora ameaçadas pela "privatização" do espaço público e dos direitos civis, como atestava a proposta de capitalização na reforma da Previdência. O dever do Estado se desloca para a defesa dos privilégios da elite empresarial e bancária.

No Estado-Igreja, a ideologia predominante era a teologia. No Estado-empresa, a hegemonia cultural é assegurada pela laicidade das empresas-mecenas, como outrora a Petrobras ou a multiplicidade de institutos culturais do sistema S, dos bancos e de outras corporações, como Google, Amazon, Facebook etc.

O advento do Estado-empresa comprova a "revolução passiva" apontada por Antonio Gramsci, reformar para preservar ou, nas palavras de outro italiano, Giuseppe Tomasi di Lampedusa, "mudar para que tudo permaneça como está".

A corporocracia é a face da pós-democracia. E entre as corporações se incluem as Forças Armadas, supostamente despolitizadas. Daí a incômodo do presidente-avatar e do poder Executivo-empresário com a não submissão dos parlamentares. Na lógica de qualquer empresa, os que resistem às decisões do comando devem ser sumariamente excluídos. O Brasil das corporações acima de tudo, e o deus criado à imagem e semelhança deles acima de todos.

Frente a essa ameaça, o desafio é intensificar a repolitização da política e a desprivatização do Estado. Isso só se dará pelo fortalecimento das instituições democráticas e, sobretudo, dos movimentos sociais, de modo a ampliar os mecanismos de protagonismo popular na esfera do poder.

SACRALIDADE DO SER HUMANO

Nem todos devem ser políticos. É preciso vocação para isso e, de preferência, decência também. Mas em qualquer atividade que se exerça, faz-se política, toma-se posição nesse mundo desigual.

Cada um de nós é chamado a se posicionar. Não existe neutralidade. Sempre, não importa o que fazemos, contribuímos para manter ou transformar a realidade; dominar ou mudar; oprimir ou libertar.

Quando me perguntam por que me envolvo em política, por via pastoral ou de movimentos sociais (nunca me filiei a partido político), respondo: porque sou discípulo de um prisioneiro político. Que eu saiba, Jesus não morreu nem de hepatite na cama, nem de desastre de camelo em uma rua de Jerusalém. Morreu exatamente como muitas vítimas da ditadura militar brasileira — preso, torturado, julgado por dois poderes políticos e condenado à pena de morte dos romanos, a cruz.

A pergunta é outra: por que Jesus foi condenado, se era tão espiritual e santo? Que tipo de fé temos hoje, nós cristãos, que não questiona essa desordem estabelecida?

Jesus foi condenado por apregoar ser preciso buscar um "outro mundo possível".

Dentro do reino de César, Jesus anunciava o Reino de Deus! A Igreja deslocou-o para a vida após a morte. Mas, na cabeça dele, o Reino de Deus fica lá na frente, no futuro histórico. Tanto que oramos "Venha a nós o vosso Reino", e não "Leve-nos ao vosso Reino". Anunciar outro reino dentro do reino de César era alta subversão.

Jesus não veio fundar uma Igreja ou uma religião. Veio nos trazer as sementes de um novo projeto civilizatório, baseado na justiça e no amor. Basta ler as *Bem-aventuranças* e *O sermão da montanha* — um mundo de partilha dos bens da Terra e dos frutos do trabalho humano.

É interessante observar que nos quatro evangelhos a expressão Reino de Deus aparece, citada por Jesus, 122 vezes. E a palavra Igreja apenas duas vezes. Como dizia um teólogo francês, do início do século XX, Jesus anunciou o Reino, mas o que veio foi a Igreja...

A Igreja é a comunidade dos discípulos de Jesus. E deveria ser, como ele foi, semente do novo projeto civilizatório, isenta de fundamentalismo religioso, pois Jesus curou o servo do centurião, que era pagão; a mulher cananeia, que não era judia e pertencia a um povo politeísta, entre outras atitudes semelhantes. Disse a cada um deles: "A tua fé te salvou". Um fundamentalista diria: "Primeiro, acredite no que anuncio. Depois, torne-se meu seguidor e, então, lhe farei o bem".

Em nossa sociedade são merecedores de direitos aqueles que gozam de certo padrão de vida. Para Jesus, ao contrário,

O DIABO NA CORTE

a pessoa pode ser cega, paralítica, vítima de qualquer doença contagiosa ou não, enfim excluída — ela é templo vivo de Deus! Eis a radical defesa dos direitos humanos.

Pelo simples fato de uma pessoa ser pessoa, ela é dotada de ontológica sacralidade. Isso é extremamente radical. O marxismo europeu, por exemplo, graças ao qual a modernidade avançou em termos de inclusão social, nunca defendeu os direitos indígenas, como fez o marxista peruano José Carlos Mariátegui. Até entendemos a razão, pois foi criado na Europa, onde havia poucos indígenas. Mas também nunca defendeu o protagonismo dos moradores de rua, chamado lumpemproletariado. Ou seja, eles seriam os beneficiários de um futuro projeto socialista ou comunista, mas não protagonistas. Para Jesus, todos são chamados a serem protagonistas.

Portanto, abraçar os direitos humanos é aceitar que cada pessoa é dotada de radical dignidade. Em linguagem teológica, sacralidade.

À luz dos direitos humanos, há que indagar: o que nossos políticos propõem é para aumentar o lucro de uma minoria ou defender os direitos de todos? É para favorecer um pequeno segmento ou para que toda a nação seja beneficiada?

Não sejamos ingênuos. Direitos humanos são incompatíveis com um sistema que defende, como principal direito, a acumulação privada da riqueza.

MORTE, QUESTÃO POLÍTICA

A morte é a única coisa certa na vida. Todos nós temos data de fabricação e prazo de validade. O escritor argelino-francês Albert Camus, autor de *A peste* e Prêmio Nobel de Literatura (1957), a considerava o problema filosófico por excelência. A postura que temos diante da morte — inevitável companheira — traduz o sentido que damos à nossa vida. Outrora, a morte incorporava-se ao nosso cotidiano: morria-se em casa, cercado de parentes e amigos. Em Minas, havia velório com pão de queijo e cachaça, carpideiras, missa de corpo presente e despedidas no cemitério. Em suma, celebrava-se o rito de passagem.

Hoje, o féretro tornou-se mais um produto de consumo, a ponto de Luiza Erundina, quando prefeita de São Paulo (1989-1993), proibir a existência de funerárias particulares, que disputavam os defuntos como urubus a carniça.

Em certos países, enfatizou o teólogo J.B. Libanio, procura-se "ocultar a morte através de sofisticadas maneiras, ora prolongando a vida ao máximo; ora isolando os doentes e agonizantes em hospitais, longe da vista dos parentes; ora criando clima psicológico tal em torno dos funerais que o impacto da morte se atenua ou mesmo se anula. Os

O DIABO NA CORTE

cemitérios são cultivados como convidativo 'Parque da Colina', onde os visitantes sentem mais vontade de usufruir da beleza da natureza que pensar na morte e nos mortos".[77]

O calendário litúrgico da Igreja Católica reserva o dia 2 de novembro para relembrarmos os mortos e encararmos a morte. Cair na real. Não se trata de restaurar o dolorismo da tradição católica ou estigmatizar este mundo como "vale de lágrimas". A virtude reside no meio, reza o provérbio medieval. Consiste também em não se iludir com os mitos da eterna juventude. Em tudo há começo, meio e fim.[78] No entanto, nossa racionalidade, tão equipada de conceitos, esvai-se nos limites da vida. Só a fé tem algo a dizer a respeito desta fatalidade. Se Cristo não houvesse ressuscitado, afirma São Paulo, nossa fé seria vã.[79] Mas a vitória da vida sobre a morte arranca da injustiça o troféu da última palavra. No ocaso da existência, lá onde toda palavra humana é inútil alquimia, Deus irrompe como um teimoso posseiro. E, como no amor, não há nada a dizer, só desfrutar.

Na América Latina, morre-se antes do tempo. Aqui, a morte não é uma possibilidade remota. Ela nutre o sistema econômico. Sem privar milhares de brasileiros de possibilidades reais de vida, não seria possível poucas pessoas acumularem tanta riqueza. Tira-se tudo dos minguados salários dos trabalhadores, por meio de cirurgias econômicas

---

77. *Utopia e Esperança Cristã*, Loyola, 1989, p. 49
78. Ver meu livro sobre a morte, destinado ao público infantil: *Começo, meio e fim*, Rio de Janeiro, Rocco, 2014.
79. *Primeira Carta aos Coríntios*, 15, 14.

assassinas, eufemisticamente denominadas "ajustes estruturais", "contenção de despesas", "teto de gastos", "reforma fiscal" etc. Mata-se à prestação, lenta e cruelmente, como se o direito à vida fosse dado exclusivamente à restrita casta favorecida pela loteria biológica, pela espiral da concentração de renda e pelas benesses do governo.

A morte é, portanto, uma questão política. Das crianças desnutridas às vítimas de aids.

O Brasil detém o vergonhoso título de quarto campeão mundial de acidentes de trabalho (1,8 milhão entre 2014-2018, dos quais 6,2 mil mortos)[80] e de trânsito (cada 1 hora, 5 mortes por acidente de trânsito. Entre 2008-2018, 1,6 milhão de feridos, ao custo de quase R$ 3 bilhões para o SUS).[81] Ora, a ressurreição de Cristo não significa apenas que do outro lado desta vida encontramos a inefável comunhão de Amor. Diz respeito também ao dom maior de Deus: a vida nesta Terra. "Vim para que todos tenham vida e a tenham em abundância."[82] O projeto de Jesus articula inevitavelmente a fé e a política. Não haverá vida em abundância senão pela via das mediações políticas, como distribuição de renda, reforma agrária e investimento em educação e saúde.

Se o resultado de nossas opções atuais não trouxer ao Brasil a primavera tão sonhada por Henfil, então, como advertia o escritor Ernest Hemingway, não se deve perguntar por quem os sinos dobram...

---

80. Dados da Previdência Social. Jornal *A Tarde*, Salvador, 12/05/2019.
81. G1, 23/05/2019.
82. *Evangelho de João*, 10, 10.

RELAÇÃO FÉ E POLÍTICA

Fé e política têm, em última instância, o mesmo objetivo de criar uma sociedade na qual todos vivam com iguais direitos e oportunidades, e sem antagonismos de classes. Se as duas visam a aprimorar a nossa convivência social, também podem servir para dominar, como a fé dos fariseus ou a política dos opressores.

A fé é um ato pelo qual o ser humano se posiciona diante do mistério de Deus. A política é a ferramenta de construção da sociedade de justiça e liberdade. Orienta-se por algo que não é próprio da fé, como as estratégias de realização do bem comum.

A vivência da fé é necessariamente política. No céu não haverá fé. Vive-se a fé em uma comunidade politicamente situada. Quando a comunidade religiosa afirma que só faz religião, não sabe o que diz ou mente para encobrir com o manto da religião os seus reais interesses políticos. Toda comunidade religiosa aparentemente apolítica só favorece a política dominante, ainda que injusta.

Jesus, em razão de suas convicções, morreu assassinado como prisioneiro político. Como Jesus, o cristão deve viver sua fé no compromisso libertador com os mais pobres. Seja qual for o modo de o cristão viver seu compromisso evangélico, ele sempre terá consequências políticas. Pode sacralizar a desigualdade social ou favorecer a sua erradicação.

O Concílio Vaticano II reconheceu a autonomia da política. E ela pode ser bem feita por quem não tem fé. E nem sempre os que têm fé fazem política bem feita. Um ateu pode fazer uma política justa, favorável à maioria da população, assim como há muitos cristãos corruptos que buscam na política proveitos pessoais.

É uma antinomia falar em política "cristã". A política jamais deve ser confessionalizada. Em princípio, representa os anseios de crentes e descrentes. Deve haver uma política justa, democrática, voltada para a maioria. E uma política assim inevitavelmente incorporará os valores da fé, como a libertação dos pobres e a construção da sociedade sem desigualdades.

A fé não tem receitas para resolver administrativamente problemas como dívida pública, reforma da Previdência ou melhoria da saúde. Isso é tarefa da política. A fé mostra o sentido da política: dar vida a todos. O jeito de fazê-lo depende da política. Se esta for injusta, muitos estarão privados das condições mínimas de dignidade e alcance da felicidade.

Fé e política são instâncias diferentes que se completam na prática da vida. A fé supõe participação em uma comunidade religiosa para ser cultivada. A política exige participação nas demandas populares e o conhecimento dos problemas sociais para ser consequente.

A política deve se pautar por valores que, em geral, coincidem com os valores das propostas religiosas, como direitos dos excluídos, vida para todos, partilha de bens, poder como serviço, e outros. Sem esses valores, a política vira politicagem, e a corrupção produz a inversão que prioriza o pessoal ou o corporativo em detrimento do social e do coletivo.

Isso não significa que a política deva ser feita em nome da fé. Deve ser feita em nome do amor, da verdade e da justiça. O bem comum é o que importa, e não os interesses de determinado segmento religioso. Jesus não veio ao mundo fundar uma religião. Veio para que "todos tenham vida e vida em abundância" (*João* 10, 10).

A FACE DO HORROR

A notícia me faz doer as entranhas. Sei o que é dor física, a dos refugiados famintos à procura de um espaço, ainda que mínimo, de liberdade e justiça, e a dor política dos que são torturados para renegar esperanças e utopias e entregar as sementes de futuro aos fornos crematórios dos que insistem em querer eternizar a fugacidade de um presente tirânico. Militantes políticos envolvidos no combate à ditadura militar tiveram seus corpos incinerados no forno de uma usina de cana-de-açúcar em Campos dos Goytacazes, no norte do estado do Rio de Janeiro, entre 1970 e 1980.

O regime militar, que governou o Brasil entre 1964 e 1985, merece ser comparado ao nazismo.

A revelação veio do ex-delegado do DOPS do Espírito Santo Cláudio Guerra.

Segundo seu depoimento aos jornalistas Marcelo Netto e Rogério Medeiros, no livro *Memórias de uma guerra suja* (Topbooks, 2012), no forno da usina Cambahyba — de propriedade de Heli Ribeiro Gomes, ex-vice-governador do Rio de Janeiro entre 1967 e 1971 —, foram incinerados Davi Capistrano; o casal Ana Rosa Kucinski Silva e Wilson Silva; João Batista Rita; Joaquim Pires Cerveira; João Massena

Melo; José Roman; Luiz Ignácio Maranhão Filho; Eduardo Collier Filho; e Fernando Augusto Santa Cruz Oliveira (pai de Felipe Santa Cruz, eleito presidente da OAB em 2019).

Os militantes teriam sido retirados de órgãos de repressão de São Paulo — DEOPS e DOI-CODI — e do centro clandestino de tortura e assassinato conhecido como Casa da Morte, em Petrópolis (RJ).

Cláudio Guerra acrescentou às denúncias que o coronel Carlos Alberto Brilhante Ustra, um dos mais notórios torturadores de São Paulo, sempre defendido e elogiado por Jair Bolsonaro, teria participado, em 1981, do atentado no Riocentro, na capital carioca, na véspera do feriado de 1º. de Maio.

Se a bomba levada pelos oficiais do Exército não tivesse estourado no colo do sargento Guilherme Pereira do Rosário, ceifando-lhe a vida, centenas de pessoas que assistiam a um show de música popular teriam sido mortas e feridas. O objetivo da repressão era culpar os "terroristas" pelo hediondo crime e, assim, justificar a ação perversa da ditadura. Tal como Hitler culpou os comunistas pelo incêndio do Reichstag, o parlamento alemão, em 1933, e Bolsonaro, em 2019, as ONGs ambientalistas pelas queimadas na Amazônia.

Guerra apontou ainda os agentes que teriam participado, em 1979, da Chacina da Lapa, na capital paulista, quando três dirigentes do PCdoB foram executados. Acrescentou que a "comunidade de informação", como eram conhecidos os serviços secretos da ditadura, espalhou panfletos da candidatura Lula à Presidência da República no local em que ficou retido o empresário Abílio Diniz, vítima de sequestro em 1989, em São Paulo, de modo a tentar envolver e comprometer o PT.

Uma das revelações mais bombásticas de Cláudio Guerra foi sobre o delegado Sérgio Paranhos Fleury, um dos mais impiedosos torturadores e assassinos do regime militar, morto em 1979, em consequência de suposto afogamento. Tido à época como acidente, segundo o ex-delegado a morte de Fleury teria sido "queima de arquivo", crime praticado pelo CENIMAR, o serviço secreto da Marinha.

Guerra admitiu ainda ter assassinado o militante Nestor Veras, em 1975, e alegou que apenas deu "o tiro de misericórdia", porque ele havia sido "muito torturado e estava moribundo".

Em agosto de 2019, Guerra, de 79 anos, foi denunciado pelo MPF por ocultação e destruição de 12 corpos de presos políticos, entre 1973 e 1975.

Das versões da repressão há sempre que desconfiar. Guerra falou a verdade ou mentiu? Tudo indica que o ex-delegado, travestido de pastor adventista ao confessar seus crimes, não se limitou, na prática de assassinatos, à repressão política. Em 1982, a Justiça o condenou a 42 anos de prisão pela morte de um bicheiro, dos quais cumpriu 10 anos. Em seguida, mereceu 18 anos de condenação por assassinar sua mulher, Rosa Maria Cleto, com 19 tiros, e a cunhada, no lixão de Cariacica (ES), em 1980.

Ele alegou inocência nos três casos, embora admitisse que matou o tenente Odilon Carlos de Souza, a quem acusou de ter liquidado sua mulher, Rosa.

O DIABO NA CORTE

O Brasil é o único país da América Latina que se recusou a punir aqueles que cometeram crimes em nome do Estado, entre 1964 e 1985. O pretexto é a esdrúxula Lei da Anistia, consagrada pelo STF, que tornou inimputáveis algozes do regime militar.

Ora, como anistiar quem nunca foi julgado e punido? Nós, as vítimas, sofremos prisões, torturas, exílios, banimentos, assassinatos e desaparecimentos.[83] E os que provocaram tudo isso merecem o prêmio de uma lei injusta e permanecer imunes e impunes como se nada houvessem feito?

O nazismo foi derrotado há mais de 70 anos e, ainda hoje, novas revelações vêm à tona. Enganam-se os que julgam que a Lei da Anistia, o silêncio das Forças Armadas e a leniência dos três poderes da República haverão de transformar a anistia em amnésia. Como afirmou Walter Benjamin, a memória das vítimas jamais se apaga.

---

83. *Diário de Fernando — Nos cárceres da ditadura militar brasileira.* Rio de Janeiro: Rocco, 2009.

A MORTE NUTRE O CAPITAL

No intuito de preservar nossas vidas, os governos proíbem o fumo em locais públicos. Os maços de cigarro exibem estampas horrorosas dos efeitos letais do vício. "Fumar mata!", adverte o Ministério da Saúde.

Há pouco, nos EUA, foi proibido o cigarro eletrônico. Por que, se apenas exala vapor d'água inodoro? Ora, os legisladores entendem que é um mau exemplo e contém variedade de produtos químicos prejudiciais à saúde. O cigarro virtual pode induzir ao cigarro real...

Porém, o mesmo país joga no mercado global filmes com cenas de excessiva violência, e nem por isso a lei entende que crimes virtuais podem gerar assassinatos reais... E o comércio de armas goza de plena liberdade na maioria dos estados.

Dirigir em alta velocidade ou sob o efeito do álcool também mata. No Brasil, desde 2013, segundo o Datasus, a cada ano mais de 40 mil pessoas perdem suas vidas no trânsito. No entanto, o Ministério das Cidades não exige da indústria automotiva limitar o potencial de velocidade dos veículos. A lei e o Judiciário são condescendentes com essa forma de risco letal. Motoristas que ceifaram vidas sob as

O DIABO NA CORTE

rodas de seus carros gozam de boa saúde, plena liberdade e... documentos legais para conduzir veículos!

Ingerir álcool também é prejudicial à saúde. Mas, ao contrário do tabaco, as bebidas alcoólicas desfrutam de propaganda e consumo livres.

Sabemos todos que a agricultura brasileira é a campeã mundial de uso de agrotóxicos. O que se reflete na crescente incidência de câncer em nossa população. Contudo, não se proíbe o paradoxo: regar com veneno o alimento de que necessitamos para manter a vida! Nem mesmo certas substâncias químicas vetadas em outros países são proibidas aqui. O Ministério da Agricultura deveria estampar na embalagem dos produtos alimentícios: "Comer é prejudicial à saúde!"

Não se sabe ainda qual é o real efeito dos transgênicos no organismo humano, embora sejam usados em larga escala. Nem mesmo a advertência ao consumidor de que tal alimento contém transgênico obtém a proteção da lei.

Por que dialogamos tão descaradamente com a morte? Primeiro, porque dá lucro, e a acumulação do capital rege o mercado, que por sua vez dirige a economia, à qual se submete a política. Segundo, porque o risco de vida passou a figurar na pauta do mercado. Dá dinheiro. São os casos da Fórmula 1, das lutas de MMA, e de certos esportes radicais, como *base jump, sky surfing* e o *wing walking*. À adrenalina dos esportistas se soma a do público, excitado como crianças no circo ao observar volteios de motos no globo da morte.

As drogas são proibidas por tornarem seus usuários irresponsáveis. As bebidas alcoólicas, ingeridas em grande quantidade, produzem o mesmo efeito. Atrás do volante, o motorista se torna um potencial suicida ou assassino. Ou as duas coisas. A Lei Seca tenta reduzir o abuso.

Porém, não se tem notícia de motoristas provocarem acidente por fumar ao volante. Por que essa política de dois pesos e duas medidas?

E as motos? São centenas de mortos em acidentes de moto a cada ano no Brasil. Segundo o Ministério da Saúde, tais acidentes são responsáveis pelo aumento de internações em hospitais públicos!

Ora, tudo que engorda o capital é proibido proibir. De que viveriam as funerárias se as mortes não fossem tão facilitadas?

DARWINISMO SOCIAL

A catástrofe na região serrana do Rio de Janeiro — mais de 600 mortos —, ocorrida em janeiro de 2011, foi noticiada com todo alarde, comoveu corações e mentes, mobilizou governos e solidariedade. No entanto, calou-se a pergunta: De quem foi a culpa? Quem é o responsável pela eliminação de tantas vidas? Vide catástrofes de Mariana e Brumadinho.

Do jeito que o noticiário mostrou os efeitos, sem abordar as causas, a impressão que se tem é de que a culpa foi do acaso. Ou se quiser, de São Pedro. Na mesma época, a cidade de São Paulo transbordou e o prefeito em nenhum momento fez autocrítica de sua administração. Apenas culpou o excesso de água caída do céu. O mesmo cinismo se repetiu em vários municípios brasileiros que ficaram sob as águas, como ocorreu em Belo Horizonte, em fevereiro de 2020.

Ora, nada é por acaso. Em 2008, o furacão Ike atravessou Cuba de sul a norte, derrubou 400 mil casas e deixou um prejuízo de US$ 4 bilhões. Morreram 7 pessoas. Por que o número de mortos não foi maior? Porque em Cuba funciona o sistema de prevenção de catástrofes naturais.

O ecocídio da região serrana fluminense teve culpados. O principal deles, o poder público. Nossas vastas extensões de terra estão tomadas pela especulação fundiária. Assim, o desenvolvimento brasileiro se deu pelo modelo saci, de uma perna só, a urbana.

Na zona rural faltam estradas, energia (o *Luz para Todos* chegou com Lula!), escolas de qualidade e, sobretudo, empregos. Para escapar da miséria e do atraso, o brasileiro migra do campo para a cidade. Assim, hoje mais de 80% de nossa população entopem as cidades.

Nos países desenvolvidos, como França e Itália, morar fora das metrópoles é desfrutar de melhor qualidade de vida. No Brasil, basta deixar o perímetro urbano para se deparar com ruas sem asfalto, casebres em ruínas, pessoas que estampam no rosto a pobreza a que estão condenadas.

Nossos municípios não têm plano diretor, planejamento urbano, controle sobre a especulação imobiliária. Matas ciliares são invadidas, rios e lagoas contaminados, morros desmatados, áreas de preservação ambiental ocupadas. E ainda há quem insista em flexibilizar ainda mais o tão flexibilizado Código Florestal!

Darwin ensinou que, na natureza, sobrevivem os mais aptos. E o sistema capitalista criou estruturas para promover a seleção social, de modo que os miseráveis encontrem a morte o quanto antes.

Nas guerras são os pobres e os filhos de pobres os mais destacados para as frentes de combate. Ingressar nos EUA e obter documentos legais para ali viver é uma epopeia que exige truques e riscos. Mas qualquer jovem

O DIABO NA CORTE

latino-americano disposto a se alistar nas Forças Armadas usamericanas encontrará as portas escancaradas.

Os pobres não sofrem morte súbita (aliás, na Bélgica se fabrica uma cerveja com este nome, *Mort Subite*). A seleção social não se dá com a rapidez das câmaras de gás de Hitler para matar judeus, comunistas, ciganos e homossexuais. É mais atroz, mais lenta, como tortura que se prolonga dia a dia mediante falta de dinheiro, emprego, escola, atendimento médico etc.

Expulsas do campo pelo gado que invade até a Amazônia, pelos canaviais colhidos por trabalho semiescravo, pelo cultivo da soja ou pelas imensas extensões de terras ociosas à espera de maior valorização, famílias brasileiras tomam o rumo da cidade na esperança de uma vida melhor.

Não há quem as receba, quem procure orientá-las, quem tome ciência das suas condições de saúde, aptidão profissional e escolaridade das crianças. Recebida por um parente ou amigo, a família se instala como pode: ocupa o morro, ergue um barraco na periferia, amplia a favela. E tudo é muito difícil para ela: alistar-se no Bolsa Família, conseguir escola para os filhos, merecer atendimento de saúde. Premida pela sobrevivência, busca a economia informal, uma ocupação qualquer e, por vezes, a prostituição, a contravenção, a criminalidade, o tráfico de drogas.

É esse darwinismo social que tanto favorece a acumulação de muita riqueza em poucas mãos, que faz dos pobres vítimas do descaso do governo, da falta de planejamento e de punição da lei sobre aqueles que, ansiosos por multiplicar seu capital, ignoram marcos regulatórios e anabolizam a especulação imobiliária.

DIREITOS HUMANOS E LOTERIA BIOLÓGICA

Minha postura em relação aos direitos humanos se define pela resposta que dou a esta pergunta: aceito ou não que, ontologicamente, cada pessoa é dotada de radical dignidade? Como cristão, digo sacralidade.

Imaginemos um mendigo na esquina da padaria. O Estado ignora aquele homem deitado no chão. Uma e outra pessoa passam e deixam-lhe um pouco de dinheiro. Sobrevive dessa esmola. O Estado não lhe estende o braço administrativo.

Porém, se um dia ele não ganhou nenhuma esmola e, à noite, sentiu muita fome, a ponto de não resistir à tentação daquela vitrine apetitosa, com pães, tortas e doces, e atira uma pedra no vidro, imediatamente o outro braço do Estado, o repressivo, aparece.

Ao falar de política e direitos humanos, há que perguntar: isso que os nossos políticos propõem é para aumentar o lucro de uma minoria ou defender os direitos de todos? É para favorecer um pequeno segmento de produtores e especuladores ou para que toda a nação seja contemplada?

Não sejamos ingênuos. Direitos humanos e sistema capitalista são incompatíveis, porque o próprio sistema proclama que os direitos prioritários são a acumulação privada da riqueza e a "sacralidade" do direito de propriedade privada. Por isso é chamado sistema do capital, e a maioria excluída do direito de propriedade, de modo que este se concentre em mãos de uma minoria.

O maior valor "ético" do sistema, a competitividade, é contrário a este que, na família, na escola, na Igreja, ensinamos: a solidariedade. O sistema faz isso ao influir inclusive na mídia e no material didático das escolas.

Nos livros didáticos, os revoltosos mineiros são chamados de inconfidentes. E o movimento, de Inconfidência Mineira. Receba o telefonema de um amigo que o alerta: olha, fulano disse que não quer vê-lo nem pintado, porque você é muito inconfidente; contou-lhe um segredo e você saiu espalhando...

Inconfidente é o rótulo pejorativo, ofensivo, que a Coroa portuguesa pôs nos revoltosos, nos conjurados mineiros, para desmoralizá-los. Se fosse hoje, a Inconfidência Mineira seria chamada Deduragem Mineira ou Delacionismo Mineiro...

Os grandes fatores ideológicos que destilam, hoje, o pior dos venenos à prática dos direitos humanos são o preconceito e a discriminação. Não se pode ter preconceito e nem discriminar ninguém. Volto a dizer: todos somos filhos da loteria biológica. Eu poderia ter nascido na Síria, igual al-Assad; na África, como os etíopes que morrem de fome; na Guiné, contaminado pelo vírus ebola. E você também.

Não dá para achar que somos superiores, melhores. Somos um sopro divino que dura poucos segundos nessa breve vida que temos. E tudo tem começo, meio e fim. Todos haveremos de morrer. E ficamos alimentando preconceito, discriminação, ressentimento...

Atribui-se a Shakespeare esta frase plena de sabedoria: o ódio é um veneno que você toma esperando que o outro morra.

ESTUPRO GERAL

Estupra-se uma moça de 16 anos, em favela do Rio, vítima de 33 tarados que, com certeza, tiveram castradas a escolaridade e a qualificação profissional devido ao descaso com que os nossos políticos tratam a educação.

Estupra-se a cidadania com unidades de polícia "pacificadora" que adentram comunidades carentes disparando a esmo balas que ceifam vidas e são computadas como "perdidas".

Estupra-se o futuro de milhares de crianças e jovens da periferia que veem chegar a polícia e o narcotráfico, mas não escolas, teatros, cinemas, salas de dança, praças de esportes, oficinas musicais e literárias.

Estupra-se a nação quando se lhe impõe uma meta fiscal que amputa o orçamento da saúde e da educação, da cultura e dos programas sociais.

Estupra-se a democracia quando políticos se locupletam em negociatas, estufam os bolsos de propinas, conspiram para sabotar o combate à corrupção.

Estupra-se o contribuinte honesto quando o ajuste fiscal não cria o imposto progressivo e são mantidas desonerações tributárias e juros baixos para empresas e latifúndios que se gabam de sonegar.

Estupra-se a decência pública quando o ministro da Educação recebe um ator de filmes pornôs que lhe propõe, em nome da "moralidade ideológica", vetar nas escolas qualquer tema de conteúdo político.

Estupra-se a possibilidade de se evitar estupros quando peças publicitárias e programas de TV reduzem a mulher a um atraente naco de carne destinado a servir de isca ao consumismo.

Estupra-se a vida afetiva saudável quando a sexualidade resvala para o prazer descartável a cada nova experiência, e os inacessíveis padrões de beleza causam tanta frustração.

Estupra-se a moral dos jovens quando são mais estimulados à competitividade que à solidariedade; ao alpinismo social que ao interesse pelo bem comum; a valorizar mais o mercado e as oscilações da Bolsa de Valores que os direitos humanos.

Estupra-se a subjetividade de uma geração quando, na família e na escola, não há formação ética, a espiritualidade é confundida com religião, e as utopias libertárias estigmatizadas como ultrapassadas e nocivas.

Estupram-se os valores quando as amizades virtuais prevalecem sobre as reais, e os apetrechos eletrônicos servem de biombo para se evitar a sociabilidade, a partilha, a ação comunitária, resguardando o usuário na redoma do individualismo egolátrico.

Estupra-se um país quando seus dirigentes são, em maioria, estupradores de cofres públicos, da ética e da democracia, dedicados a fazer na vida pública o que se habituaram a fazer na privada...

FUNDAMENTALISMO ECONÔMICO

O passado costuma ser conhecido por eras, como as dos coletores e caçadores, agricultores nômades e sedentários etc. Eras do cobre, do bronze, do ferro...

A antiguidade grega se destaca como era do nascimento da filosofia (embora tenha outra mãe além da grega, a chinesa), assim como a República romana se destaca como a era do direito.

Como a nossa contemporaneidade será conhecida no futuro? Meu palpite é que seremos conhecidos como a era do fundamentalismo econômico. Porque todas as nossas atividades giram em torno do dinheiro. Era do *business*. *Time is money*. Do lucro exorbitante. Da desigualdade social alarmante. Do império dos bancos.

Era na qual apenas oito homens dispõem de renda superior à soma da renda de 3,6 bilhões de pessoas, metade da humanidade (Dado de 2019). E também na qual tudo tem valor de troca, e não de dom.

Esse fundamentalismo submete a política à economia. Elege-se quem tem dinheiro. Todo projeto político é pensado em função de ajuste fiscal, redução de gastos, cortes orçamentários, privatização do patrimônio estatal, redução da dívida pública.

No altar das Bolsas de Valores, tudo é ofertado, em sacrifícios humanos, ao deus Mercado. É ele que, com as suas mãos invisíveis, abençoa paraísos fiscais, livra os mais ricos de pagarem impostos, eleva o valor das ações na Bolsa, abarrota a cornucópia da minoria abastada e arranca o pão da boca da maioria pobre.

Outrora meus avós, ao despertar de um novo dia, consultavam a Bíblia. Meus pais, a meteorologia. Meus irmãos, as oscilações do mercado financeiro.

Sucateia-se o ensino público para fortalecer a poderosa rede de educação particular. Propõe-se a reforma da Previdência para desobrigar o Estado de assegurar aposentadoria e transferir o encargo aos planos de previdência privada.

A saúde há tempos está privatizada: médicos preferem fazer parto por cesariana; cirurgias desnecessárias são recomendadas; o SUS não funciona; os planos de saúde e os medicamentos têm aumentos sazonais.

O mais nefasto efeito do fundamentalismo econômico é, de um lado, a acumulação privada e, de outro, a exclusão social. Quem tem dinheiro prefere guardá-lo no banco e aplicá-lo no cassino financeiro a usufruir uma vida mais saudável e solidária. Quem não tem padece a humilhação da pobreza, da carência de bens e direitos essenciais, do salário minguado e do desemprego.

A exclusão reforça as vias criminosas de acesso ao dinheiro e ao fetiche das mercadorias: narcotráfico, roubo, sonegação e corrupção. Agora o rei já não proclama "L'État c'est moi". Ele brada "In Gold we trust", grito que soa como "In go(l)d we trust". O deus dinheiro.

ROBIN HOOD TINHA RAZÃO

"**D**esigualdade mata", afirmou o epidemiologista britânico Richard Wilkinson ao constatar que em regiões menos igualitárias os índices de mortalidade são mais altos.

Ao testar macacos-prego, os pesquisadores Frans de Waal e sua colega Sarah Brosnan verificaram que eles se zangavam ao ver um companheiro receber recompensa melhor. Sarah entregava um seixo a um dos animais e, em seguida, estendia a mão para que ele o devolvesse em troca de um pedaço de pepino. Os dois macacos aceitaram a troca 25 vezes consecutivas.

Sarah passou a entregar a um deles um cacho de uvas. O outro continuou a receber pepino. O clima azedou. O macaco do pepino demonstrou nítida aversão à desigualdade. Ao ver o companheiro receber uva, atirou longe o pepino. O alimento de que ele tanto gostava tornou-se repulsivo.

Os macacos não se irritavam quando as uvas eram exibidas a todos, e pepinos continuavam a ser trocados por seixos. A irritação aparecia quando só um deles recebia uvas. A desigualdade suscitava aversão.[84]

---

84. Frans de Waal. *A era da empatia*. São Paulo: Companhia das Letras, 2010.

Ao publicar o resultado da pesquisa, Sarah e Frans receberam duras críticas de acadêmicos chocados com a comparação entre macacos e humanos. Para azar dos críticos, a divulgação coincidiu com a denúncia de que Richard Grasso, diretor da Bolsa de Valores de Nova York, viu-se forçado a pedir demissão diante dos protestos gerados pelos quase 200 milhões de dólares que recebeu de bônus.[85]

Em 2008, a opinião pública dos EUA se mostrou indignada quando, em plena crise econômica, o governo destinou 700 bilhões de dólares como "socorro" a executivos que haviam provocado tantas perdas no setor imobiliário. Uvas aos figurões; pepinos à plebe...

No Brasil, a opinião pública também se mostra indignada ao saber que políticos utilizam jatinhos da FAB para eventos particulares, como viagens de familiares ou festas de casamento. As mordomias, pagas com dinheiro público, suscitam revolta entre os eleitores.

Os animais têm muito a nos ensinar. Sarah Brosnan colocou dois macacos separados por uma grade. O primeiro tinha à sua frente duas latinhas em cores distintas. Podiam ser trocadas por comida. Se ele entregasse a lata A, receberia comida suficiente para o próprio consumo. Se entregasse a B, ganharia comida bastante para dividir com o segundo macaco. Os macacos-prego deram preferência à lata que favorecia a partilha da refeição.

A democracia ocidental continuará a ser uma falácia enquanto não criar condições para que todos tenham acesso aos bens essenciais à vida digna e feliz. Os três ideais da

---

85. *New Yorker*, 03/10/2003.

O DIABO NA CORTE

Revolução Francesa — liberdade, igualdade e fraternidade — na verdade têm sido limitados e deturpados.

A liberdade passou a ser entendida como direito de um se sobrepor ao outro, ainda que o outro seja relegado à miséria. A igualdade existe, quando muito, na letra da lei. Ricos e pobres merecem tratamentos diferenciados perante a Justiça, e mesmo os recursos públicos são destinados, preferencialmente, aos mais abastados.

A fraternidade ainda permanece uma utopia. Supõe que todos se reconheçam como merecedores dos mesmos direitos. Basta recorrer ao exemplo familiar para saber o que isso significa. Em uma família, embora as pessoas sejam diferentes, todas têm iguais direitos e oportunidades. Ninguém é excluído da escolaridade ou do uso comum dos bens, como alimentação.

Fraternidade significa inclusão, reconhecimento, e até mesmo abrir mão de um direito para que o outro, mais necessitado, possa se livrar de uma dificuldade.

Robin Hood tinha razão. O que a humanidade mais anseia é a partilha dos bens da Terra e dos frutos do trabalho humano. Essa a verdadeira comunhão. No entanto, a riqueza e o poder, quase sempre associados, cegam seus detentores, incapazes de se colocar no lugar do outro, daquele que sofre ou padece de exclusão social, como frisa o *Coringa*, personagem do filme de mesmo nome dirigido por Todd Phillips.

E para que a cegueira não seja acusada de indiferença criminosa e desumana, inventam-se teorias econômicas e ideologias que justifiquem e legitimem a aberração como natural...

MORADOR DE RUA NÃO É CASO DE POLÍCIA. É CASO DE POLÍTICA[86]

Em conversa recente, Frei Betto me contou algumas histórias dos moradores de rua. É um assunto de extrema importância e complexidade, além de ser um problema sério de saúde pública. Durante o encontro, pedi a ele que escrevesse um texto sobre essa triste realidade no Brasil. Frei Betto concordou e, gentilmente, enviou o relato abaixo especialmente para os leitores do blog.

Com a palavra, o escritor e jornalista:

Na porta da igreja de São Domingos, no bairro de Perdizes, na capital paulista, faz ponto um pequeno grupo de pessoas em situação de rua. Dormem em uma construção paralisada por razões judiciais ou à porta do templo. De dia, ganham algum dinheiro em troca de vigiar carros que por ali estacionam. São todos jovens e alguns notoriamente travestis que contraíram HIV e recebem cuidados periódicos no Hospital Emílio Ribas.

---

86. Artigo escrito pelo autor para ser lido e divulgado pelo médico doutor Roberto Kalil, de São Paulo, em seu blog, em agosto de 2019.

O DIABO NA CORTE

A ninguém importunam, exceto pedir dinheiro aos vizinhos alegando que ainda não tomaram café da manhã ou almoçaram. Porém, quando se embriagam ou se drogam, falam alto, discutem entre si, o que incomoda a vizinhança.

Dia desses, paroquianos se queixaram. Insistiram ser preciso tomar providências para tirá-los dali. Como? A rua é pública e, como dizia Castro Alves, "a praça é do povo como o céu é do condor". Chamar a polícia? Mas, por quê? Não roubam, não agridem ninguém, e nem há indícios de que fazem tráfico de drogas — embora alguns sejam usuários, como centenas entre os 24 mil moradores de rua (2020), segundo levantamento da Prefeitura, que se espalham pelas calçadas da cidade de São Paulo.

Diante da queixa, lembrei aos paroquianos que, antes de eles adotarem aquele local como ponto, havia ali frequentes roubos de carros, sobretudo à noite, quando alunos da PUC ocupam as ruas vizinhas. Meu carro sofreu tentativa de furto duas vezes, salvo pelo eficiente alarme.

Perguntei aos queixosos: "Depois que eles se instalaram aqui, vocês têm notícias de roubos?" Ninguém tinha. Expliquei, então, a razão: morador de rua é antídoto ao ladrão. Ele sabe que se houver roubo na rua que frequenta, com certeza a vizinhança o apontará como culpado. É como a madame que não lembra onde escondeu as joias e, de cara, põe a culpa na faxineira inocente.

Se morador de rua é acusado de roubo, a polícia, para satisfazer a ira da vizinhança, trata de levá-lo e soltá-lo mais adiante. A polícia, sim, sabe que não se pode confundir morador de rua com bandido. Se um bandido entra na região ocupada por moradores de rua, eles são os primeiros a identificá-lo e a expulsá-lo dali, pois têm consciência de que, comprovado o roubo, a culpa recairá sobre eles.

Uma vizinha veio aflita falar comigo e me mostrou as cartas endereçadas à filha dela, de 16 anos, pelo homem que dormia na praça em frente à casa da família. Muito bem escritas e respeitosas. "Como pode ser morador de rua uma pessoa que escreve tão bem assim?", indagou ela. "Temo que ele queira abusar de minha filha." Perguntei, então: "Você já conversou com ele?" A resposta veio negativa. Fui falar com o suspeito. Contou que tinha segundo ano de medicina e, levado pela fase hippie, quando se drogava, largou tudo para viver "em total liberdade nas ruas". A notícia se espalhou e a vizinhança o adotou: ele ganhou quentinhas, garagem aberta para se abrigar em noites de chuva etc. O rapaz sumiu. Com certeza, para preservar sua independência.

Nossa paróquia, todas as segundas-feiras, recebe mais de 100 moradores de rua para almoçar na quadra de esporte atrás da igreja. Ali, eles se banham, recebem roupas limpas e agasalhos. E comem fartamente a refeição preparada por voluntários que trazem os alimentos, cozinham e servem.

Um dos frequentadores me disse: "Frei, aqui é bom porque a comida tem sustança. Sabe por que muitos de nós não têm dentes? Porque essa gente que nos acorda de madrugada para dar comida quase sempre só oferece sopa. E pra que dente se não tem uso?"

É óbvio que há exceções, como a ocorrida no Rio de Janeiro, no final de julho de 2019, quando um morador de rua, com sérios problemas psiquiátricos, esfaqueou três pessoas. Quem transita pelo centro de São Paulo se depara, a cada passo, com pessoas estiradas nas calçadas. No máximo pedem dinheiro ou comida.

Com o desemprego de quase 13 milhões de brasileiros (2019), tende a crescer o número de moradores de rua. Enquanto a causa que os produz — o agravamento das desigualdades sociais — não for combatida, eles se multiplicarão.

Morador de rua não é caso de polícia. É caso de política.

O CARDEAL ELETRICISTA

Eu me encontrava na Itália, em maio de 2019, quando um prédio de Roma, na Via Santa Croce, ocupado por 450 pessoas, entre as quais uma centena de crianças, ficou dias às escuras devido à dívida de 300 mil euros com a empresa fornecedora de energia. Contudo, teve a luz religada graças à habilidade de eletricista do cardeal Konrad Krajewski. Ele simplesmente entrou no poço do edifício, onde fica a central energética, removeu os lacres e a pôs a funcionar.

Perrini, um dos moradores, contou: "O cardeal, que no passado já foi nosso hóspede, porque vem para cuidar de idosos, doentes e crianças que moram aqui, chegou na tarde de sábado, por volta das 17h, a bordo de uma van cheia de presentes para as crianças. Ele sabia que estávamos sem eletricidade há três dias. Assim que chegou, telefonou para a Acea (empresa de energia) e a prefeitura de Roma, e solicitou que reativassem a eletricidade às 20h, caso contrário ele próprio o faria. Por volta das 20h15, o cardeal retornou, nos explicou que entendia de energia elétrica porque, antes de ser padre, na Polônia, havia trabalhado no setor, e novamente chamou as autoridades municipais para manifestar a sua intenção. Depois entrou no poço onde fica a nossa instalação elétrica, fez uma série de procedimentos,

O DIABO NA CORTE

como se fala no jargão técnico, e a luz voltou. Eu realmente não sei como ele fez isso, mas fez".

O então ministro Matteo Salvini, que comandava a política italiana, ficou bravo com a ousadia do cardeal e declarou que ele "agora deve pagar as contas em atraso".

Krajewski declarou: "Intervi pessoalmente para religar os medidores. Foi um gesto desesperado. Havia mais de 400 pessoas sem eletricidade, com famílias, crianças, sem sequer a possibilidade de manter ligadas as geladeiras".

O cardeal polonês, de 55 anos, era o principal assessor do papa Francisco no cuidado dos pobres. Cedeu o seu apartamento em Roma para abrigar uma família refugiada da Síria e passou a dormir no cômodo que lhe servia de escritório.

À noite, ele circulava pela capital italiana dirigindo um furgão repleto de alimentos, roupas e cobertores para distribuir às pessoas que dormem ao relento. Foi ele que tomou as providências para construir, por ordem do papa, instalações sanitárias, incluindo chuveiros e barbearia, para uso dos mendigos que fazem ponto em torno do Vaticano, na esperança de receberem algum dinheiro de peregrinos e turistas.

Na conferência que, em maio de 2019, proferi na Universidade Lumsa, no Vaticano, sobre a conjuntura política do Brasil, ao lado de Jessé de Souza, me perguntaram o que achava da atitude do cardeal. Respondi não ver nada de estranho no fato de um cardeal, discípulo de um carpinteiro palestino, ser eletricista. Estranhos são os cardeais que se julgam príncipes, moram em palácios e gastam fortunas com seus trajes eclesiásticos.

A instituição cardinalícia é herança do Império Romano e não encontra fundamento na comunidade apostólica formada por Jesus. Sempre me pergunto se foi a Igreja que converteu Constantino, no século IV, ou se foi o imperador que converteu a Igreja em uma instituição monárquica que, ao longo da história, muitas vezes trocou seu serviço evangélico pela pompa do poder.

O título "cardinalis" era dado pelo imperador a generais e prefeitos pretorianos. Os cardeais são os senadores da Igreja e têm por função eleger o papa e assessorá-lo. Até o século XII o papa era eleito pelo clero e fiéis de Roma.

A cor predominante nos trajes cardinalícios é a vermelha, também usada outrora pelos senadores romanos. Na Igreja, significa a disposição de derramar o próprio sangue na defesa dos valores evangélicos. Mas nem todos os cardeais se mostram dispostos a trilhar o caminho de Jesus, como fez o cardeal Dom Paulo Evaristo Arns, arcebispo de São Paulo, que destemidamente assumiu a defesa das vítimas da ditadura, entre os anos de 1969 e 1985. Muitos preferem as pompas imperiais às sandálias dos pescadores. Por isso se opõem abertamente às reformas do papa Francisco, empenhado em desclericalizar a Igreja e livrá-la da corrupção sexual e financeira.

O DESEMPREGADO

A presentou-se na empresa de colocação de mão de obra. Após horas na fila, chegou a sua vez:

— Sabe fazer o quê?

— Bem, entendo de construção civil, meu pai trabalhava no ramo. Gosto de culinária e acho que não me daria mal na agricultura.

— Hum... Hum... O que tem feito ultimamente?

— Sou andarilho, espalho novas ideias e boas notícias.

— Ora, isso tudo é muito vago. Quero saber quais são suas aptidões.

— Sou bom em recursos humanos. Sei organizar grupos e incentivar pessoas.

— Considera-se dotado de espírito de competitividade?

— Sou mais pela solidariedade. Gosto de somar esforços, unir o que está dividido, quebrar distâncias, incluir os excluídos.

— Na área da saúde, tem algum conhecimento?

— Sim, às vezes faço curas por aí.

— Isso é exercício ilegal da medicina. Só médicos e medicamentos cientificamente comprovados podem curar.

Ou será que você também embarcou nessa onda de cura pela meditação?

— É, meditação traz boa saúde. É o meu caso. Medito todas as manhãs ou ao anoitecer. Às vezes passo toda a noite meditando. E, como vê, gozo de muito boa saúde.

— Que mais sabe fazer?

— Pescar, preparar anzóis, monitorar uma embarcação e até assar peixes.

— Bem, no momento não há procura neste ramo. Os japoneses já ocuparam todas as vagas. Se fosse escolher uma profissão, qual seria?

— A de publicitário. Creio que sou bom de propaganda.

— Que tipo de produto gostaria de vender?

— A felicidade.

— A felicidade?

— Sim, como o senhor escutou.

— Meu caro, a felicidade é o bem mais procurado do mundo. É uma demanda infinita. É o que todo mundo busca. Só que ninguém ainda descobriu como oferecê-la no mercado. O máximo que temos conseguido é tentar convencer que ela resulta da soma dos prazeres.

— Como assim?

— Se você usar tal grife, tomar aquela bebida, passar no cabelo aquele produto, viajar para tal lugar, você haverá de encontrar a felicidade...

— Mas isso é enganar a freguesia. A felicidade não se confunde com nenhum bem de posse. Só pode ser encontrada no amor.

O DIABO NA CORTE

— Bela teoria! E pensa que as pessoas não têm medo de amar?

— Têm medo porque não têm fé. Se acreditassem em alguém e em si mesmas, amariam despudoradamente.

— Vejo que você é mesmo bom de lábia. Quer um emprego de vendedor de cosméticos?

— Prefiro não vender ilusões. Melhor oferecer esperanças.

— Esperanças? Do jeito que o mundo está? Cara, trate de ganhar seu dinheiro. Hoje em dia é cada um por si e Deus por ninguém.

— Não penso assim. Se houver esperança de um futuro melhor, haverá indignação frente ao presente injusto. Então as pessoas haverão de mudar as coisas.

— Pelo que vejo, você gosta de política.

— Não sou político, mas exerço o meu direito de cidadania. Defendo os direitos dos pobres.

— Desconfio que você é um desses vagabundos utópicos que, nas praças, divertem os jovens aos domingos. Você bebe?

— Só vinho.

— Como é o seu nome?

— Jesus, mas pode me chamar de Emanuel.

TEMPLO DOS DESEJOS

Era um lugar paradisíaco. Estaria eu sonhando ou sob o efeito de alguma droga ingerida involuntariamente? Eu caminhava pausadamente naquele simulacro do Jardim do Éden. Ali não havia pecado e nenhum de seus efeitos: miséria, violência, fealdade, imundície ou medo. Tudo absolutamente *clean*: o brilho das luzes, a beleza dos objetos, o requinte *high-tech* dos equipamentos.

À minha volta, todos pareciam felizes e traziam aspecto saudável. Ninguém descalço, desdentado, estendido em calçadas ou com o olhar precocemente ameaçador. Sentia-me inteiramente seguro naquela pirâmide dourada, cujos túneis me conduziam a nichos de esplendor.

À minha disposição, os mais suaves calçados para os pés, roupas de colorido vivo, agasalhos de lã ou couro, camisas e ternos bem cortados, computadores de última geração, máquinas digitais, celulares de multiuso... No piso superior, iguarias importadas e refinados manjares, de sanduíches pantagruélicos a panquecas adocicadas, sem que se aspirasse o menor odor de gordura ou houvesse mendigos pedintes, nem gatos e cães vadios a espreitar sobras. Todos os veneráveis objetos eram acolitados por belíssimas sacerdotisas, e a contemplação de tão sofisticados artefatos enlevava a alma.

Ao fundo, delicada música que não agredia os ouvidos e contribuía à paz de espírito. Não havia trânsito nem o cheiro asfixiante de gases emanados de motores. Desprovidas de ruídos, nas alamedas feericamente iluminadas os transeuntes caminhavam sem pressa, atentos às maravilhas circundantes. Podiam subir de um piso ao outro sem o menor esforço; bastava pousar os pés em uma esteira que os içava ao topo sem que desprendessem energia.

O ambiente se impregnava de leve odor de perfume, e todos ali pareciam muito felizes, livres do assédio de crianças de rua, do espectro de mal-encarados, da presença intimidadora de viaturas policiais. Viam-se expostos todos os talismãs capazes de nos imprimir valor e suscitar a inveja alheia. Bastava pagar por eles e ver consagrada a felicidade de se tornar portador daquelas preciosidades, como se o mago houvesse se desprendido da lâmpada de Aladim.

Fascinava-me a inventividade dos seres humanos. Não que os artefatos fossem incomuns; pelo contrário, eram instrumentos para a escrita e equipamentos esportivos, objetos de cutelaria e precisão ótica, uma infinidade de frascos contendo o poder de, abertos, exalar deslumbramento. A diferença residia no *designer* arrojado, na estética atrativa, na sofisticação de peças como um simples abridor de garrafa.

Estaria eu em um conto de Borges? Estaria sonhando ou seria eu o resultado de um sonho? Estar ali era como se todos os dias fossem domingo, o momento do ócio e da distração, seduzido por aquele espaço lúdico que me permitia evadir da realidade e acreditar fazer parte do seleto clube dos eleitos a penetrarem o nirvana.

Eu não queria acordar, resistia a ser expulso do Paraíso e, como Lúcifer, precipitar-me na infernal rotina do trabalho árduo, da vida medíocre, da paisagem incolor, da insegurança das ruas e da atmosfera poluída contaminada pelo medo. Queria permanecer ali para sempre, guardado no ventre acrílico daquela imensa catedral.

Ali eu me sentia próximo ao céu, ao mundo dos que foram poupados do sofrimento, à esfera dos premiados pela fortuna. Estaria redimido dessa pobre humanidade que nos priva do encanto, da magia, do universo onírico onde se volatilizam todas as dores e angústias. Ali se me acercavam o Olimpo e todos os bens capazes de realçar uma pessoa acima de seus semelhantes.

Contudo, chegou a hora de cerrar vitrines e baixar portas. Fui avisado pelo vigilante que, dentro de cinco minutos, o *shopping* seria fechado.

MÃE AMBIENTE

Ecologia vem do grego *"oikos"*, casa, e *"logos"*, conhecimento. Portanto, é a ciência que estuda as condições da natureza e as relações entre tudo que existe — pois tudo que existe coexiste, preexiste e subsiste. A ecologia trata, pois, das conexões entre os organismos vivos, como plantas e animais (incluindo homens e mulheres) e o seu meio ambiente.

Talvez fosse mais correto, embora não tão apropriado, falar em ecobionomia. Biologia é a ciência do conhecimento da vida. Ecologia é mais do que o conhecimento da casa em que vivemos, o planeta Terra. Assim como economia significa 'administração da casa', ecobionomia quer dizer 'administração da vida na casa'. E vale chamar o meio ambiente de *mãe ambiente*, pois é o nosso solo, a nossa raiz, o nosso alimento. Dele viemos e para ele voltaremos.

Essa visão de interdependência entre todos os seres da natureza foi perdida pela modernidade. Nisso ajudou uma interpretação equivocada da Bíblia — a ideia de que Deus criou tudo e, por fim, entregou aos seres humanos para que "dominassem" a Terra. O domínio virou sinônimo de espoliação, estupro, exploração. Procurou-se arrancar do planeta o máximo de lucro. Os rios foram poluídos; os mares, contaminados; o ar que respiramos, envenenado.

Ora, não existe separação entre a natureza e os seres humanos. Somos seres naturais, porém humanos porque dotados de consciência e inteligência. E espirituais, porque abertos à comunhão de amor com a natureza, o próximo e Deus.

O Universo tem quase 14 bilhões de anos. A espécie humana existe há apenas 2 milhões de anos. Isso significa que somos resultado da evolução do Universo que, como dizia Teilhard de Chardin, é movida por uma "energia divina".

Antes do surgimento do homem e da mulher, o Universo era belo, porém cego. Um cego não pode contemplar a própria beleza. Quando surgimos, o Universo ganhou, em nós, mente e olhos para se mirar no espelho. Ao olharmos a natureza, é o Universo que se olha através de nossos olhos. E vê que é belo. Daí ser chamado de Cosmo. Palavra grega que dá origem à palavra *cosmético* — aquilo que imprime beleza.

A Terra, agora, está poluída. E nós sofremos os efeitos de sua devastação, pois tudo que fazemos se reflete na Terra, e tudo que se passa na Terra se reflete em nós. Como dizia Mahatma Gandhi, "a Terra satisfaz as necessidades de todos, menos a voracidade dos consumistas". São os países ricos do Norte do mundo que mais contaminam o planeta. São responsáveis por 80% da contaminação, dos quais os EUA contribuem com 23% e insistem em não ratificar o Protocolo de Kyoto.

"Quando a última árvore for derrubada" — disse um índio dos EUA —, "o último rio envenenado e o último peixe pescado, então vamos nos dar conta de que não podemos comer dinheiro".

O maior problema ambiental, hoje, não é o ar poluído ou os mares sujos. É a ameaça de extinção da espécie humana devido à pobreza e à violência. Salvar a Terra é libertar as pessoas de todas as situações de injustiça e opressão.

A Amazônia brasileira é um exemplo triste de agressão à mãe ambiente. No início do século XX, empresas que enriqueceram com a exploração da borracha deixaram por lá o rastro da miséria. Nos anos 1970, o bilionário americano Daniel Ludwig cercou um dos maiores latifúndios do mundo — 2 milhões de hectares — para explorar celulose e madeira, deixando-nos como herança terra devastada e solo desertificado. É o que pretende repetir, agora, o agronegócio interessado em derrubar a floresta para plantar soja e assentar gado.

A injustiça social produz desequilíbrio ambiental, e isso gera mais injustiça social. Bem alertava Chico Mendes para a economia sustentável (isto é, capaz de não prejudicar as futuras gerações) e a ecologia centrada na vida digna dos povos da floresta.

A mística bíblica nos convida a contemplar toda a Criação como obra divina. Jesus nos mobiliza na luta a favor da vida — dos outros, da natureza, do planeta e do Universo. Dizem os *Atos dos Apóstolos:* "Ele não está longe de cada um de nós. Pois Nele vivemos, nos movemos e existimos. Somos da raça do próprio Deus" (17, 28). Todo esse mundo é morada divina. Devemos ter uma relação de complementação com a natureza e com o próximo, dos quais dependemos para viver e ser felizes. Isso se chama amor.

DEGRADAÇÃO AMBIENTAL: DE QUEM É A CULPA?

Fui a uma escola de ensino fundamental conversar com os alunos sobre meu livro *Começo, meio e fim* (Rocco), que ajuda crianças a entenderem o fenômeno da morte.

Um garoto de 8 anos contou que na família dele dois parentes têm câncer e perguntou por que a minha geração causou tanto estrago no meio ambiente, como o uso excessivo de agrotóxicos no cultivo dos alimentos.

Fiz o devido *mea culpa*, mas lembrei que quando eu tinha a idade dele ninguém comprava água mineral em supermercado para, em seguida, entulhar o lixo de garrafas pet. Tomávamos água do filtro de barro. Ninguém usava copos de plásticos descartáveis. Os copos eram de vidro e lavados para reúso.

Não se amontoavam nos lixões garrafas de leite, refrigerantes e cerveja. Também de vidro, eram devidamente devolvidas ao fornecedor, limpas, esterilizadas e reutilizadas.

Quase não havia academias de ginástica nem excesso de obesidade precoce, pois andávamos a pé em vez de entrar no carro para percorrer dois ou três quarteirões e poluir o meio ambiente.

O DIABO NA CORTE 181

Escada rolante não existia. Subíamos os degraus massageando o coração e os músculos. As fraldas dos bebês eram lavadas, pois não existiam as descartáveis. E deixávamos para secar a roupa no varal, graças às energias solar e eólica, e não em equipamentos que aumentam acentuadamente o consumo de energia elétrica.

Espremia-se laranja à mão, sem uso de energia elétrica. Em cada domicílio havia apenas um rádio e um aparelho de TV, sem a ânsia consumista que, hoje, multiplica tais equipamentos pelos cômodos da casa.

Como não havia celular, as pessoas prestavam mais atenção umas nas outras, dialogavam, visitavam-se. Sem e-mails e WhatsApp, escreviam-se cartas, o que exigia certo domínio das regras de gramática e sintaxe, para não decepcionar o destinatário.

Para despachar objetos frágeis pelos correios utilizávamos jornais velhos na embalagem, e não plástico-bolha ou *pellets* que levam anos para se degradar, além de contaminarem a natureza.

A grama era cortada com uma tesoura grande, e não com máquinas de alto consumo de energia. As canetas eram recarregáveis, sem necessidade de descartá-las.

Os homens faziam a barba com navalha. Bastava amolá-la para mantê-la afiada, sem precisar amontoar no lixo aparelhos de plástico com lâminas de curta duração.

Sim, minha geração cometeu muitos erros, como descarregar esgotos em rios e mares e derrubar florestas para obter lenha. Mas a de vocês, que têm 8 ou 10 anos de idade, precisa reagir ao que, hoje, faz a geração de seus pais e avós: acumula toneladas de lixo eletrônico.

São montanhas de equipamentos descartados: pilhas, baterias, celulares, micro-ondas, impressoras, monitores etc. Tudo feito de material inorgânico, como mercúrio, cádmio, berílio e chumbo, todos altamente poluentes, absorvidos pelo solo e pelos lençóis freáticos. Calcula-se que, a cada ano, são acumulados no mundo 50 milhões de toneladas de lixo eletrônico. Só nos EUA são descartados anualmente 300 milhões de aparelhos eletrônicos.

Se não detivermos o consumismo que semeia morte na natureza e na espécie humana, a preservação ambiental e o futuro sadio da humanidade perdurarão como meras expressões retóricas, assim como a ética e o bem comum para certos políticos.

AMAZÔNIA, DESAFIOS

O papa Francisco, em janeiro de 2018, declarou em Puerto Maldonado, Peru: "A Amazônia é disputada por várias frentes: de um lado, o neoextrativismo e a forte pressão de grandes interesses econômicos ávidos por petróleo, gás, madeira, ouro e monocultivos industriais. De outro, a ameaça procedente da perversão de certas políticas que promovem a 'preservação' da natureza sem levar em conta o ser humano".

Francisco ressaltou que uma ecologia integral, que não separe ser humano e natureza, exige nova antropologia e novo conceito de desenvolvimento, nos quais condições dignas de vida da população local sejam prioridade.

Isso implica defender os direitos humanos e a Mãe Terra; resistir aos megaprojetos que causam morte; e adotar um modelo econômico sustentável, solidário, sintonizado com os ecossistemas e os saberes ancestrais dos amazônicos.

Em discurso aos participantes da conferência sobre "Transição energética e cuidado de nossa casa comum", em 2018, no Vaticano, Francisco frisou que a busca de um crescimento econômico contínuo provocou graves efeitos ecológicos e sociais, porque "nosso atual sistema econômico prospera devido ao aumento de extrações, consumo e desperdício. A civilização requer energia, mas o uso da energia não deve destruir a civilização".

Para os documentos preparatórios do Sínodo Panamazônico, a ecologia integral ou socioambiental exige mudança de paradigma, mas também uma espiritualidade da reciprocidade, de harmonia, que mantenha o equilíbrio do bioma capaz de refletir um sentido de convivência dentro dessa imensa maloca comum que é a Terra. Em suma, passar de uma cultura do descarte a uma cultura do cuidado.

Para tanto, é preciso promover uma educação ecológica que nos induza a outro estilo de vida, livre do consumismo obsessivo e do paradigma tecnoeconômico. Como propõe o papa Francisco na encíclica socioambiental "Louvado sejas" (*Laudato Si*), "dar o salto ao Mistério, onde a ética ecológica adquire seu sentido mais profundo". Esta experiência espiritual, sagrada, ocorre quando se é capaz de solidariedade, responsabilidade e cuidado.

Pretendeu o sínodo que cada paróquia da Amazônia se torne uma ecoparóquia, e adote uma ecopedagogia. Isso significa aprender a conviver com a família de Deus que habita o território panamazônico, no qual há culturas ocultas, isoladas, sem contato com o mundo não indígena; outras que rejeitam convictamente a civilização ocidental; e ainda as que mantêm boas relações com a Igreja sem, contudo, assumir o Evangelho como referência de vida. Existe ainda uma Igreja autóctone, integrada por indígenas que relacionam seus saberes ancestrais com a palavra de Deus.

A proposta contida no documento final do Sínodo é que a Igreja presente na Amazônia, através de paróquias, congregações religiosas e pequenas comunidades, se oponha aos projetos que ameaçam a floresta e os povos que a habitam, critique o paradigma tecnocrático, o antropocentrismo irresponsável, e o relativismo moral, e valorize a economia solidária, de uso dos bens da natureza e descarte a que prioriza o valor de troca.

Na visita à Amazônia, em janeiro de 2018, o papa Francisco frisou que "a cultura de nossos povos é um sinal de vida. A Amazônia, além de ser uma reserva da biodiversidade, é também uma reserva cultural que deve ser preservada frente aos novos colonialismos". E fez este apelo aos indígenas: "Ajudem seus bispos, ajudem seus missionários e missionárias a ser um com vocês e, no diálogo entre todos, possam formar uma Igreja com rosto amazônico e indígena".

AMAZÔNIA, O ROSTO ECOLÓGICO DE DEUS

O Sínodo da Amazônia, convocado pelo papa Francisco e realizado em outubro de 2019, teve lugar em Roma, em decisão equivocada do Vaticano, pois fora agendado, de início, para ocorrer no coração da floresta, região interconectada e cada vez mais violenta e desigual.

O bioma amazônico engloba nove países (Brasil, Guiana Francesa, Suriname, Guiana, Venezuela, Colômbia, Equador, Peru e Bolívia) e ocupa mais de 7 milhões de km² habitados por 34 milhões de pessoas, das quais 3 milhões são indígenas, com 340 diferentes idiomas. Ali, cada metro quadrado tem mais diversidade do que qualquer outro lugar do planeta. O bioma possui três tipos de rios: o de superfície; o subterrâneo, conhecido como "alter do chão"; e os "rios voadores", assim chamados por acumular vapor na atmosfera e distribuí-lo em forma de chuva em toda a América do Sul.

A Amazônia exerce forte relevância no ciclo do carbono, ao absorvê-lo em bilhões de árvores e impedir sua liberação na atmosfera em forma de gás. Reduz, assim, o aquecimento da Terra.

As quatro dádivas da região são: povos que sabem viver da selva e na selva, sem ameaçá-la; o ciclo das águas e do carbono; a biodiversidade; e a regulação do clima. Segundo o papa Francisco, "os povos amazônicos originários nunca estiveram tão ameaçados em seus territórios como agora". Em sua sabedoria ancestral, eles nos ensinam a nos relacionarmos com a natureza, os demais seres humanos e Deus. No entanto, agora são vítimas de assassinatos, expulsão de suas terras, ação de grileiros e mineradoras, desmatamento, e proibição de se reunir e organizar.

A Igreja tem consciência de que se agora defende a causa indígena, pela qual há tantos mártires, ainda não se libertou da influência do projeto colonizador que vigorou no passado. O Sínodo buscou justamente implantar uma Igreja pós-colonial e solidária, com rosto amazônico e indígena. Para a Igreja, a região é muito mais do que um lugar geográfico; é também um lugar teológico, no qual transparece a face de Deus criador.

Não há como manter a floresta de pé sem a sabedoria dos povos que a habitam. O "capitalismo verde" não convém, pois se rege pelas leis do mercado e busca patentear princípios e essências, privatizar a água e promover a pirataria dos saberes populares.

Os povos indígenas guardam ainda uma sintonia holística com o Cosmo. Seus sentidos aguçados estabelecem um diálogo permanente com a natureza. Conhecem cada ruído, prenunciam a chegada da chuva ou da seca, identificam os recursos medicinais das ervas. O indígena não é um indivíduo na natureza. Seu corpo, o território no qual habita e a natureza formam uma unidade.

Os indígenas respiram uma cultura que se traduz, de fato, em espiritualidade da reciprocidade. Com ritos e festas, celebram a exuberância da natureza e exorcizam os espíritos malignos. Sem recorrer à escrita, passam de geração a geração a cultura do cuidado com a floresta e do respeito a todos os seres vivos.

Para eles, a terra não é um bem econômico, e sim dom gratuito de Deus, no qual descansam seus antepassados, e espaço sagrado com o qual interagem para preservar sua identidade e valores.

Sofrem, no entanto, sérias ameaças de uma equivocada concepção de desenvolvimento e riqueza que lhes cobiça as terras para implantar projetos extrativos e agropecuários, indiferentes à degradação da natureza e à destruição de suas culturas.

Cinco grandes sintomas da crise planetária se manifestam na Amazônia: 1) mudança climática; 2) envenenamento da água; 3) perda da biodiversidade; 4) degradação da qualidade de vida humana e da natureza; 5) conflitos sociais marcados por violência e assassinatos.

A convocação do Sínodo Panamazônico pelo papa Francisco foi uma boa nova para toda a humanidade.

AMAZÔNIA AMEAÇADA

Nos últimos 50 anos, a Amazônia brasileira perdeu área equivalente aos estados de Minas Gerais e Paraná somados. A floresta já sofreu desmatamento de 17% de sua extensão. Segundo a ONU, o limite é 20%. Além disso, o equilíbrio ecológico entra em colapso e a floresta fica condenada a se transformar em savana estéril.

Cortar uma árvore de 20 metros de altura com máquinas automotrizes demanda apenas um minuto. Reflorestar leva anos, e sem resgate da qualidade originária. As florestas primárias absorvem muito mais monóxido de carbono que as secundárias, as replantadas.

Nove países englobam a Amazônia, porém 60% de sua área fica dentro do Brasil. A floresta amazônica representa 40% das florestas tropicais do mundo e abriga 15% da biodiversidade do planeta.

O brasileiro não demonstra apreço pela Amazônia. Se possui recursos, prefere conhecer santuários ecológicos do exterior. Nem sequer o Brasil explora a potencialidade turística da região, como faz a Costa Rica, a ponto de o turismo ecológico neste país superar, como fator de aumento do PIB, a exportação de frutas e café. O que nossas escolas ensinam a respeito da história dessa floresta gigantesca e dos povos indígenas que a habitam e conservam?

Trata-se também de uma floresta pluvial, pois gera metade da chuva que assegura a sua conservação. A umidade que sopra do Atlântico na direção dos Andes produz precipitações retidas pelas árvores, que a reciclam, já que a umidade sobe da raiz à copa para, em seguida, cair como chuva. Esse resfriamento alivia o aquecimento global.

Segundo o System of Environmental Economic Accounting (SEEA), órgão da ONU que analisa a relação da economia com o meio ambiente, o desmatamento nos países tropicais gera um prejuízo anual de US$ 5 trilhões, valor superior ao PIB do Japão, e vinte vezes o faturamento da Amazon (2019). Em resumo, os gastos com os efeitos da destruição ambiental são muito superiores ao que se exige para preservar a biodiversidade.

A natureza viveu bilhões de anos sem a incômoda presença do ser humano. E pode voltar a fazê-lo em breve. A menos que os responsáveis pelas decisões passem a entender a gravidade da situação. A região abriga cerca de 2,5 milhões de espécies de insetos e mais de 2 mil aves e mamíferos. Até hoje foram classificadas ali, cientificamente, pelo menos 40 mil espécies de plantas, 3 mil de peixes, 1.294 aves, 427 mamíferos, 428 anfíbios e 378 répteis. Um de cada cinco pássaros no mundo vive nas florestas tropicais da Amazônia. Os cientistas já descreveram entre 96.660 e 128.843 espécies de invertebrados só no Brasil.

A diversidade de espécies de plantas é a mais rica da Terra, e alguns especialistas estimam que um quilômetro quadrado amazônico pode conter mais de mil tipos de

O DIABO NA CORTE

árvores. De acordo com um estudo de 2001, um quarto de quilômetro quadrado de floresta equatoriana suporta mais de 1.100 espécies de árvores. Um quilômetro quadrado de floresta amazônica pode conter cerca de 90.790 toneladas métricas de plantas vivas. Até o momento, cerca de 438 mil espécies de plantas de interesse econômico e social têm sido registradas na região, e muitas mais ainda a serem descobertas ou catalogadas.

O Sínodo da Amazônia, convocado pelo papa Francisco, e que se reuniu em Roma de 6 a 27 de outubro de 2019, serviu para alertar o mundo quanto à urgência de se pôr fim às queimadas e ao desmatamento da floresta amazônica, bem como fortalecer a defesa dos direitos de seus habitantes, principalmente os povos indígenas.

Epílogo

ROMPER A BOLHA

Não guardo a menor saudade de 2019. Ano de diatribes governamentais, mentiras oficiais, renúncia à soberania nacional. Carrego, contudo, muitas perguntas. Como explicar a inércia de um povo vilipendiado a cada dia em seus direitos? Onde e quando nos roubaram a voz e a vez? Por que a nossa indignação não se traduz em protesto coletivo?

Há uma profunda ferida na triste alma do Brasil. Perdemos o senso de humor (alguém conhece uma piada nova?), e ainda que uma sátira ouse romper as trevas, ela é recebida com coquetéis Molotov e o silêncio cúmplice das autoridades.

Por que esse grito parado no ar? Parece que tudo está em suspenso: a democracia, os direitos humanos, a liberdade. Eis o teatro macabro no qual cotidianamente se desenrola a tragédia cujos atores e atrizes riem de si mesmos, enquanto a plateia, atônita, não sabe como estancar o sangue das vítimas de tantos sacrifícios ou repartir o pão para aplacar o sofrimento dos famintos. As ruas de meu país se tornaram intransitáveis. Os carros se assemelham a feras ensandecidas, convencidas de que a estridência de suas buzinas têm o poder de abrir caminho a ferro e fogo. Nas calçadas, reduzidas a sarjetas, corpos maltrapilhos, abatidos por álcool e drogas, retratam a ontológica injustiça do sistema que nos engloba.

Ocorre que a maioria, encurvada pela desesperança, enxerga árvores sem perceber a floresta. A ideia de sistema soa demasiadamente abstrata. É dor sem causa, borboleta sem lagarta, luz sem sol. E o que ressoa aos ouvidos é a narrativa do poder, à qual se agarra como o ébrio à sua garrafa. O espectro do desemprego pobretariza multidões que aceitam menores salários e menos direitos, e neutraliza os que se uberizam ou mendigam uma ocupação.

Os que percebem que os primeiros ratos mortos são prenúncios de peste permanecem exilados em suas bolhas solipsistas, onde privatizam a indignação e o protesto. Adianta? Duvido, porque adulteraram a linguagem e baniram a verdade de seu lar, filha das núpcias indeléveis entre a inteligência e o real. Agora ela vaga pelos buracos negros da insensatez, enquanto muitos tentam se proteger enclausurados no dialeto de sua tribo virtual, sem que a tribo vizinha consiga decifrar ferocidades semânticas. Na cidade de surdos, uivam nas janelas sem que ninguém dê importância. Você fala em flores, eles entendem feras; fala em amar, eles entendem armar; fala em cultura, eles entendem censura.

Não nos resta outra saída senão deixar de ser prisioneiros virtuais, romper a bolha e dar as mãos a todos que estão

O DIABO NA CORTE

dispostos a avançar sobre ruas para repletar avenidas. E não basta clamar "Ele não". Aos protestos devem se sobrepor propostas. Eis o único modo de evitar que os fantasmas do medo se reencarnem na figura anômala do terror. Navegar é preciso! Mas na direção contrária à de Ulisses. E deixar que a tripulação fique de ouvidos e olhos abertos para descobrir que as sereias não passam de monstros necrófilos cujos urros pretendem nos ensurdecer e cegar para não descobrirmos que a rota traçada por eles nos conduzem às profundezas do Hades.

Na segunda metade da década de 1970, assentei-me em uma favela capixaba. Fui ao norte do estado visitar o que restava da antiga Vila de Itaúnas. Nos vinte anos anteriores, a ação predatória da cobiça antiambientalista havia destruído a vegetação que detinha o avanço da areia da praia sobre a vila. Todas as manhãs as mulheres varriam a areia acumulada no vão das portas, soprada pela força do vento. No dia seguinte, mais areia e o trabalho insano de tentar contê-la. Até que as dunas cobriram por completo a vila. Restou apenas o cume da torre da igreja.

Como ingênuos habitantes de Itaúnas, temos varrido a soleira da porta sem ainda nos convencer de que somente ações mais determinantes serão capazes de conter o dilúvio.

Obras do autor

Edições nacionais

1. *Cartas da prisão* — 1969-1973, Rio de Janeiro, Agir, 2008. (Essas Cartas foram publicadas anteriormente em duas obras — *Cartas da Prisão* e *Das Catacumbas*, Rio de Janeiro, Civilização Brasileira. *Cartas da Prisão*, editada em 1974, teve a 6ª edição lançada em 1976. Nova edição: São Paulo, Companhia das Letras, 2017).

2. *Das catacumbas*, Rio de Janeiro, Civilização Brasileira, 1976 (3ª edição, 1985) — obra esgotada.

3. *Oração na ação*, Rio de Janeiro, Civilização Brasileira, 1977 (3ª edição, 1979) — obra esgotada.

4. *Natal, a ameaça de um menino pobre*, Petrópolis, Vozes, 1978 — obra esgotada.

5. *A semente e o fruto, Igreja e Comunidade*, Petrópolis, Vozes, 3ª edição, 1981 — obra esgotada.

6. *Diário de Puebla*, Rio de Janeiro, Civilização Brasileira, 1979 (2ª edição, 1979) — obra esgotada.

7. *A vida suspeita do subversivo Raul Parelo* (contos), Rio de Janeiro, Civilização Brasileira, 1979 (esgotada). Reeditada sob o título

de *O Aquário Negro*, Rio de Janeiro, Difel, 1986. Nova edição do Círculo do Livro, 1990. Em 2009, foi lançada pela Agir nova edição revista e ampliada, Rio de Janeiro — obra esgotada.

8. *Puebla para o povo*, Petrópolis, Vozes, 1979 (4ª edição, 1981) — obra esgotada.

9. *Nicarágua livre, o primeiro passo*, Rio de Janeiro, Civilização Brasileira, 1980. Dez mil exemplares editados em Jornalivro, São Bernardo do Campo, ABCD-Sociedade Cultural, 1981 — obra esgotada.

10. *O que é Comunidade Eclesial de Base*, São Paulo, Brasiliense, 5ª edição, 1985. Coedição Abril, São Paulo, 1985, para bancas de revistas e jornais — obra esgotada.

11. *O fermento na massa*, Petrópolis, Vozes, 1981 — obra esgotada.

12. *CEBs, rumo à nova sociedade*, São Paulo, Paulinas, 2ª edição, 1983 — obra esgotada.

13. *Fogãozinho, culinária em histórias infantis* (com receitas de Maria Stella Libanio Christo), Rio de Janeiro, Nova Fronteira, 1984 (3ª edição, 1985). Nova edição da Mercuryo Jovem — São Paulo, 2002 (7ª edição).

14. *Fidel e a religião, conversas com Frei Betto*, São Paulo, Brasiliense, 1985 (23ª edição, 1987). Edição do Círculo do Livro, São Paulo, 1989 (esgotada). Terceira edição, ampliada e ilustrada com fotos, São Paulo, Editora Fontanar, 2016.

15. *Batismo de sangue*: Os dominicanos e a morte de Carlos Marighella, Rio de Janeiro, Civilização Brasileira, 1982 (7ª edição, 1985). Reeditado pela Bertrand do Brasil, Rio de Janeiro, 1987 (10ª edição, 1991). Edição do Círculo do Livro, São Paulo, 1982. Em 2000 foi lançada a 11ª edição revista e ampliada — *Batismo de Sangue:* A luta clandestina contra a ditadura militar — Dossiês Carlos Marighella & Frei Tito — pela Casa Amarela, São Paulo. Em 2006, foi lançada a 14ª edição, revista e ampliada, Rocco.

O DIABO NA CORTE

16. *OSPB, Introdução à política brasileira*, São Paulo, Ática, 1985 (18ª edição, 1993) — obra esgotada.

17. *O dia de Angelo* (romance), São Paulo, Brasiliense, 1987 (3ª edição, 1987). Edição do Círculo do Livro, São Paulo, 1990 — obra esgotada.

18. *Cristianismo & marxismo*, Petrópolis, Vozes, 3ª edição, 1988 — obra esgotada.

19. *A proposta de Jesus* (Catecismo Popular, vol. I), São Paulo, Ática, 1989 (3ª edição, 1991) — obra esgotada.

20. *A comunidade de fé* (Catecismo Popular, vol. II), São Paulo, Ática, 1989 (3ª edição, 1991) — obra esgotada.

21. *Militantes do reino* (Catecismo Popular, vol. III), São Paulo, Ática, 1990 (3ª edição, 1991) — obra esgotada.

22. *Viver em comunhão de amor* (Catecismo Popular, vol. IV), São Paulo, Ática, 1990 (3ª edição, 1991) — obra esgotada.

23. *Catecismo popular* (versão condensada), São Paulo, Ática, 1992 (2ª edição, 1994) — obra esgotada.

24. *Lula — biografia política de um operário*, São Paulo, Estação Liberdade, 1989 (8ª edição, 1989). *Lula — Um operário na Presidência*, São Paulo, Casa Amarela, 2003 — edição revisada e atualizada.

25. *A menina e o elefante* (infantojuvenil), São Paulo, FTD, 1990 (6ª edição, 1992). Em 2003, foi lançada nova edição revista pela Editora Mercuryo Jovem, São Paulo (3ª edição).

26. *Fome de pão e de beleza*, São Paulo, Siciliano, 1990 — obra esgotada.

27. *Uala, o amor* (infantojuvenil), São Paulo, FTD, 1991 (12ª edição, 2009). Nova edição, 2016.

28. *Sinfonia universal, a cosmovisão de Teilhard de Chardin*, São Paulo, Ática, 1997 (5ª ed. revista e ampliada). A 1ª ed. foi editada pelas Letras & Letras, São Paulo, 1992 (3ª ed., 1999). Petrópolis, Vozes, 2011.

200 FREI BETTO

29. *Alucinado som de tuba* (romance), São Paulo, Ática, 1993 (20ª edição, 2000).

30. *Por que eleger Lula presidente da República* (Cartilha Popular), São Bernardo do Campo, FG, 1994 — obra esgotada.

31. *O paraíso perdido — nos bastidores do socialismo*, São Paulo, Geração Editorial, 1993 (2ª edição, 1993). Na edição atualizada, ganhou o título *O paraíso perdido — viagens ao mundo socialista*, Rio de Janeiro, Rocco, 2015.

32. *Cotidiano & Mistério*, São Paulo, Olho d'Água, 1996. (2ª ed. 2003) — obra esgotada.

33. *A obra do Artista — uma visão holística do universo*, São Paulo, Ática, 1995 (7ª edição, 2008). Rio de Janeiro, José Olympio, 2011.

34. *Comer como um frade — divinas receitas para quem sabe por que temos um céu na boca*, Rio de Janeiro, Francisco Alves, 1996 (2ª edição 1997). Rio de Janeiro, José Olympio, 2003.

35. *O vencedor* (romance), São Paulo, Ática, 1996 (15ª edição, 2000).

36. *Entre todos os homens* (romance), São Paulo, Ática, 1997 (8ª edição, 2008). Na edição atualizada, ganhou o título *Um homem chamado Jesus*, Rio de Janeiro, Rocco, 2009.

37. *Talita abre a porta dos evangelhos*, São Paulo, Moderna, 1998 — obra esgotada.

38. *A noite em que Jesus nasceu*, Petrópolis, Vozes, 1998 — obra esgotada.

39. *Hotel Brasil* (romance policial), São Paulo, Ática, 1999 (2ª edição, 1999). Na edição atualizada, ganhou o título *Hotel Brasil — O mistério das cabeças degoladas*, Rio de Janeiro, Rocco, 2010.

40. *A mula de Balaão*, São Paulo, Salesiana, 2001.

41. *Os dois irmãos*, São Paulo, Salesiana, 2001.

42. A *mulher samaritana*, São Paulo, Salesiana, 2001.

43. *Alfabetto — autobiografia escolar*, São Paulo, Ática, 2002 (4ª edição).

44. *Gosto de uva — Textos selecionados*, Rio de Janeiro, Garamond, 2003.

45. *Típicos tipos — Coletânea de perfis literários*, São Paulo, A Girafa, 2004 — obra esgotada.

46. *Saborosa viagem pelo Brasil — Limonada e sua turma em histórias e receitas a bordo do Fogãozinho* (com receitas de Maria Stella Libanio Christo), São Paulo, Mercuryo Jovem, 2004 (2ª edição).

47. *Treze contos diabólicos e um angélico*, São Paulo, Planeta do Brasil, 2005.

48. *A mosca azul — Reflexão sobre o poder*, Rio de Janeiro, Rocco, 2006.

49. *Calendário do poder*, Rio de Janeiro, Rocco, 2007.

50. *A arte de semear estrelas*, Rio de Janeiro, Rocco, 2007.

51. *Diário de Fernando — Nos cárceres da ditadura militar brasileira*, Rio de Janeiro, Rocco, 2009.

52. *Maricota e o mundo das letras*, São Paulo, Mercuryo Novo Tempo, 2009.

53. *Minas do ouro*, Rio de Janeiro, Rocco, 2011.

54. *Aldeia do silêncio*, Rio de Janeiro, Rocco, 2013.

55. *O que a vida me ensinou*, São Paulo, Saraiva, 2013.

56. *Fome de Deus — Fé e espiritualidade no mundo atual*, São Paulo, Paralela, 2013.

57. *Reinventar a vida*, Petrópolis, Vozes, 2014.

58. *Começo, meio e fim*, Rio de Janeiro, Rocco, 2014.

59. *Oito vias para ser feliz*, São Paulo, Planeta, 2014.

60. *Um Deus muito humano — Um novo olhar sobre Jesus*, São Paulo, Fontanar, 2015.

61. *Ofício de escrever,* Rio de Janeiro, Rocco, 2017.

62. *Parábolas de Jesus — Ética e valores universais,* Petrópolis, Vozes, 2017.

63. *Por uma educação crítica e participativa,* Rio de Janeiro, Rocco, 2018.

64. *Sexo, orientação sexual e "ideologia de gênero",* Rio de Janeiro, Coleção Saber — Grupo Emaús, 2018.

65. *Fé e Afeto — Espiritualidade em tempos de crise,* Petrópolis, Vozes, 2019.

66. *Minha avó e seus mistérios,* Rio de Janeiro, Rocco, 2019.

67. *O marxismo ainda é útil?,* São Paulo, Cortez, 2019.

Sobre Frei Betto

Frei Betto — Biografia — Prefácio de Fidel Castro — por Américo Freire e Evanize Sydow, Rio de Janeiro, Civilização Brasileira, 2016.

Frei Betto e o socialismo pós-ateísta — Fábio Régio Bento, Porto Alegre, Nomos Editora e Produtora Ltda., 2018.

Em coautoria

1. *O canto na fogueira —* com Frei Fernando de Brito e Ivo Lesbaupin, Petrópolis, Vozes, 1976.

2. *Ensaios de complexidade —* com Edgar Morin, Leonardo Boff e outros, Porto Alegre, Sulina, 1977 — obra esgotada.

3. *O povo e o papa. Balanço crítico da visita de João Paulo II ao Brasil* — com Leonardo Boff e outros, Rio de Janeiro, Civilização Brasileira, 1980 — obra esgotada.

4. *Desemprego — Causas e consequências* — com dom Cláudio Hummes, Paul Singer e Luiz Inácio Lula da Silva, São Paulo, Paulinas, 1984 — obra esgotada.

5. *Sinal de contradição* — com Afonso Borges Filho, Rio de Janeiro, Espaço e Tempo, 1988 — esgotada.

6. *Essa escola chamada vida* — com Paulo Freire e Ricardo Kotscho, São Paulo, Ática, 1988 (18ª edição, 2003) — obra esgotada.

7. *Teresa de Jesus: filha da Igreja, filha do Carmelo* — com Frei Cláudio van Belen, Frei Paulo Gollarte, Frei Patrício Sciadini e outros, São Paulo, Instituto de Espiritualidade Tito Brandsma, 1989 — obra esgotada.

8. *O plebiscito de 1993 — Monarquia ou República? Parlamentarismo ou presidencialismo?* — com Paulo Vannuchi, Rio de Janeiro, ISER, 1993 — obra esgotada.

9. *Mística e espiritualidade* — com Leonardo Boff, Rio de Janeiro, Rocco, 1994 (4ª ed. 1999). Rio de Janeiro, Garamond (6ª edição, revista e ampliada, 2005). Petrópolis, Vozes, 2009.

10. *A reforma agrária e a luta do MST* (com vários autores), Petrópolis, Vozes, 1997 — obra esgotada.

11. *O desafio ético* — com Eugenio Bucci, Luís Fernando Veríssimo, Jurandir Freire Costa e outros, Rio de Janeiro/Brasília, Garamond/Codeplan, 1997 (4ª edição).

12. *Direitos mais humanos* — organizado por Chico Alencar com textos de Frei Betto, Nilton Bonder, D. Pedro Casaldáliga, Luiz Eduardo Soares e outros, Rio de Janeiro, Garamond, 1998.

13. *Carlos Marighella — o homem por trás do mito* — coletânea de artigos organizada por Cristiane Nova e Jorge Nóvoa — São Paulo, Unesp, 1999 — obra esgotada.

14. *7 pecados do capital* — coletânea de artigos organizada por Emir Sader, Rio de Janeiro, Record, 1999 — obra esgotada.

15. *Nossa paixão era inventar um novo tempo* — 34 depoimentos de personalidades sobre a resistência à ditadura militar — organização de Daniel Souza e Gilmar Chaves, Rio de Janeiro, Rosa dos Tempos, 1999 — obra esgotada.

16. *Valores de uma prática militante* — com Leonardo Boff e Ademar Bogo, São Paulo, Consulta Popular, Cartilha n° 09, 2000 — obra esgotada.

17. *Brasil 500 anos: trajetórias, identidades e destinos.* Vitória da Conquista, UESB (Série Aulas Magnas), 2000 — obra esgotada.

18. *Quem está escrevendo o futuro?* — *25 textos para o século XXI* — coletânea de artigos, organizada por Washington Araújo, Brasília, Letraviva, 2000 — obra esgotada.

19. *Contraversões — Civilização ou barbárie na virada do século* — em parceria com Emir Sader, São Paulo, Boitempo, 2000 — obra esgotada.

20. *O indivíduo no socialismo* — com Leandro Konder, São Paulo, Fundação Perseu Abramo, 2000 — obra esgotada.

21. *O decálogo* (contos) — com Carlos Nejar, Moacyr Scliar, Ivan Ângelo, Luiz Vilela, José Roberto Torero e outros, São Paulo, Nova Alexandria, 2000 — obra esgotada.

22. *As tarefas revolucionárias da juventude* — reunindo também textos de Fidel Castro e Lênin, São Paulo, Expressão Popular, 2000 — obra esgotada.

23. *Estreitos nós — Lembranças de um semeador de utopias* — com Zuenir Ventura, Chico Buarque, Maria da Conceição Tavares e outros. Rio de Janeiro, Garamond, 2001 — obra esgotada.

24. *Diálogos criativos* — em parceria com Domenico de Masi e José Ernesto Bologna, São Paulo, DeLeitura, 2002. Rio de Janeiro, Sextante, 2006.

25. *Democracia e construção do público no pensamento educacional brasileiro* — organizadores Osmar Fávero e Giovanni Semeraro, Petrópolis, Vozes, 2002 — obra esgotada.

O DIABO NA CORTE

26. *Por que nós, brasileiros, dizemos não à Guerra* — em parceria com Ana Maria Machado, Joel Birman, Ricardo Setti e outros, São Paulo, Planeta, 2003.

27. *Fé e Política* — *Fundamentos* — Pedro A. Ribeiro de Oliveira (org.) com Leonardo Boff, Frei Betto, Paulo F. C. Andrade, Clodovis Boff e outros. Aparecida, Ideias e Letras, 2004.

28. *A paz como caminho* — com José Hermógenes de Andrade, Pierre Weil, Jean-Yves Leloup, Leonardo Boff, Cristovam Buarque e outros. Coletânea de textos, organizados por Dulce Magalhães, apresentados no Festival Mundial da Paz, Rio de Janeiro, Qualitymark Editora, 2006

29. *Lições de Gramática para quem gosta de literatura* — com Moacyr Scliar, Luís Fernando Veríssimo, Paulo Leminsky, Rachel de Queiroz, Ignácio de Loyola Brandão e outros, São Paulo, Panda Books, 2007.

30. *Sobre a esperança* — *Diálogo* — com Mario Sergio Cortella, Campinas, Papirus, 2007.

31. *40 olhares sobre os 40 anos da Pedagogia do oprimido* — com Mario Sergio Cortella, Sérgio Haddad, Leonardo Boff, Rubem Alves e outros. Instituto Paulo Freire, 2008.

32. *Dom Cappio: rio e povo* — com Aziz Ab'Sáber, José Comblin, Leonardo Boff e outros, São Paulo, Centro de Estudos Bíblicos, 2008.

33. *O amor fecunda o Universo* — *ecologia e espiritualidade* — com Marcelo Barros, Rio, Agir, 2009 — obra esgotada.

34. *O parapitinga Rio São Francisco* — fotos de José Caldas, com Walter Firmo, Fernando Gabeira, Murilo Carvalho e outros, Rio de Janeiro, Casa da Palavra, 2010.

35. *Conversa sobre a fé e a ciência* — com Marcelo Gleiser, Rio de Janeiro, Agir, 2011 — obra esgotada.

36. *Bartolomeu Campos de Queirós — Uma inquietude encantadora* — com Ana Maria Machado, João Paulo Cunha, José Castello, Marina Colasanti, Carlos Herculano Lopes e outros, São Paulo, Moderna 2012 — obra esgotada.

37. *Belo Horizonte — 24 autores* — com Affonso Romano de Sant'Anna, Fernando Brant, Jussara de Queiroz e outros, Belo Horizonte, Mazza Edições, 2012.

38. *Dom Angélico Sândalo Bernardino — Bispo profeta dos pobres e da justiça* — Dom Paulo Evaristo Arns, Dom Pedro Casaldáliga, Dom Demétrio Valentini, Frei Gilberto Gorgulho, Ana Flora Andersen e outros, São Paulo, ACDEM, 2012.

39. *Depois do silêncio — Escritos sobre Bartolomeu Campos de Queirós* — com Chico Alencar, José Castello, João Paulo Cunha e outros, Belo Horizonte, RHJ Livros Ltda., 2013.

40. *Nos idos de março* — A ditadura militar na voz de 18 autores brasileiros — com Antonio Callado, Nélida Piñon, João Gilberto Noll e outros, São Paulo, Geração Editorial, 2014.

41. *Mulheres* — com Affonso Romano de Sant'anna, Fernando Fabbrini, Dagmar Braga e outros, Belo Horizonte, Mazza Edições, 2014.

42. *O budista e o cristão: um diálogo pertinente* — com Heródoto Barbeiro, São Paulo, Fontanar, 2017.

43. *Advertências e esperanças — Justiça, Paz e Direitos Humanos* — com frei Carlos Josaphat, Marcelo Barros, frei Henri Des Roziers, Ana de Souza Pinto e outros, Goiânia, Editora PUC Goiás, 2014.

44. *Marcelo Barros — A caminhada e as referências de um monge* — com Dom Pedro Casaldáliga, Dom Tomás Balduino, Carlos Mesters, João Pedro Stédile e outros, Recife (PE), Edição dos Organizadores, 2014.

O DIABO NA CORTE

45. *Dom Paulo Evaristo Cardeal Arns — Pastor das periferias, dos pobres e da justiça* — com D. Pedro Casaldáliga, Fernando Altemeyer Júnior, Dom Demétrio Valentim e outros, São Paulo, Casa da Terceira Idade Tereza Bugolim, 2015.

46. *Cuidar da casa comum* — com Leonardo Boff, Maria Clara Lucchetti Bingemer, Pedro Ribeiro de Oliveira, Marcelo Barros, Ivo Lesbaupin e outros, São Paulo, Paulinas, 2016.

47. *Criança e consumo — 10 anos de transformação* — com Clóvis de Barros Filho, Ana Olmos, Adriana Cerqueira de Souza e outros — Instituto Alana, São Paulo, 2016.

48. *Por que eu e não outros? Caminhada de Adilson Pires da Periferia para a cena política carioca* — com Jailson de Souza e Silva e Eliana Sousa Silva — Observatório de Favelas / Agência Diálogos, Rio de Janeiro, 2016.

49. *Em que creio eu* — com Ivone Gebara, Jonas Resende, Luiz Eduardo Soares, Márcio Tavares d'Amaral, Leonardo Boff e outros, São Paulo, Edições Terceira Via, 2017.

50. *(Neo) Pentecostalismos e sociedade — Impactos e/ou cumplicidades* — com Pedro Ribeiro de Oliveira, Faustino Teixeira, Magali do Nascimento Cunha, Sinivaldo A. Tavares, Célio de Pádua Garcia, São Paulo, Edições Terceira Via e Fonte Editorial, 2017.

51. *Dom Paulo — Testemunhos e memórias sobre o Cardeal dos Pobres* — com Clóvis Rossi, Fábio Konder Comparato, Fernando Altemeyer Júnior, Leonardo Boff e outros, São Paulo, Paulinas, 2018.

52. *Jornadas Teológicas Dom Hélder Câmara — Semeando a esperança de uma Igreja pobre, servidora e libertadora* — Palestras Volumes I e II — Organizado pelo Conselho Editorial Igreja Nova, Recife, 2017.

53. *Lula livre-Lula livro* — Obra organizada por Ademir Assunção e Marcelino Freire, editores — com Raduan Nassar, Aldir Blanc, Eric Nepomuceno, Manuel Herzog e outros, São Paulo, julho 2018.

54. *Direito, arte e liberdade* — Obra organizada por Cris Olivieri e Edson Natale, São Paulo, Edições Sesc, 2018.

55. *Papa Francisco com os movimentos populares* — Obra organizada por Francisco de Aquino Júnior, Maurício Abdalla e Robson Sávio. Com Chico Whitaker, Ivo Lesbaupin, Marcelo Barros e outros, São Paulo, Paulinas, 2018.

56. *Ternura cósmica — Leonardo Boff, 80 anos* — com Maria Helena Arrochellas, Marcelo Barros, Michael Löwy, Rabino Nilton Bonder, Carlos Mesters e outros, Petrópolis, Vozes, 2018.

57. *Maria Antonia: uma rua na contramão — 50 anos de uma batalha* — com Antonio Candido, Mário Schenberg, Adélia Bezerra de Meneses, Universidade de São Paulo, Faculdade de Filosofia, Letras e Ciências Humanas, São Paulo, 2018.

58. *Alfabetização, letramento e multiletramentos em tempos de resistência* — com Gilda Figueiredo Portugal Gouvea, Renato Felipe Amadeu Russo, Fernanda Coelho Liberali, Antonia Megale e outros, Campinas, Pontes, 2019.

59. *François Houtart: Vida y pensamiento — Grupo de Pensamiento Alternativo* — com Gustavo Pérez Ramírez, Samir Amin, Nguyen Duc Truyen e outros, Colômbia, Ediciones Desde Abajo, 2019.

60. *A mística do Bem Viver* — com Leonardo Boff, Pedro Ribeiro de Oliveira, Chico Alencar, Henrique Vieira, Rosemary Fernandes da Costa e outros, Belo Horizonte, Editora Senso, 2019.

Edições estrangeiras

1. *Dai soterranei della storia*, Milão, Itália, Arnoldo Mondadori, 2ª edição, 1973; *L'Église des prisons*, Paris, França, Desclée de Brouwer, 1972; *La Iglesia encarcelada*, Buenos Aires, Argentina, Rafael Cedeño editor, 1973; *Creo desde la carcel*, Bilbao, Espanha, Desclée de Brouwer, 1976; *Lettres de prison*, Paris, França, du Cerf, 1980; *Lettere dalla prigione*, Bolonha, Itália, Dehoniane,1980; *Brasilianische passion*, Munique, Alemanha, Kösel Verlag, 1973; *Fangelsernas Kyrka*, Estocolmo, Suécia, Gummessons, 1974; *Geboeid Kijk ik om mij heen*, Bélgica-Holanda, Gooi en sticht bvhilversum, 1974; *Against principalities and powers*, Nova Iorque, EUA, Orbis Books, 1977.

2. *Novena di San Domenico*, Brescia, Itália, Queriniana,1974.

3. *17 días en Puebla*, México, México CRI, 1979; *Diario di Puebla*, Brescia, Itália, Queriniana, 1979.

4. *La preghiera nell'azione*, Bolonha, Itália, Dehoniane, 1980.

5. *Que es la Teología de la Liberación?*, Lima, Peru, Celadec, 1980.

6. *Puebla para el pueblo*, México, México, Contraste,1980.

7. *Battesimo di sangue*, Bolonha, Itália, Asal, 1983; *Les frères de Tito*, Paris, França, du Cerf, 1984. *La pasión de Tito*, Caracas, Venezuela, Ed. Dominicos, 1987; Nova edição revista e ampliada publicada pela Sperling & Kupfer, Milão, 2000. Ekdoseis twn Synadelfwn, Grécia, 2015. Santiago de Cuba, Editorial Oriente, 2018;

8. *El acuario negro*, La Habana, Cuba, Casa de las Américas, 1986.

9. *La pasión de Tito*, Caracas, Venezuela, Ed. Dominicos, 1987.

10. *Fede e Perestroika — teologi della liberazione in Urss —* com Clodovis Boff, J. Pereira Ramalho, P. Ribeiro de Oliveira, Leonardo Boff, Frei Betto, Assisi, Cittadella Editrice, 1988.

11. *El día de Angelo*, Buenos Aires, Argentina, Dialéctica, 1987; *Il giorno di Angelo*, Bolonha, Itália, E.M.I., 1989.

12. *Los 10 mandamientos de la relación fe y politica*, Cuenca, Equador, Cecca, 1989; *Diez mandamientos de la relación fe y política*, Panamá, Ceaspa,1989.

13. *De espaldas a la muerte — Diálogos con Frei Betto*, Guadalajara, México, Imdec,1989.

14. *Fidel y la religión*, La Habana, Cuba, Oficina de Publicaciones del Consejo de Estado,1985. Nova edição Editorial de Ciencias Sociales, Havana, 2018. Até 1995, editado nos seguintes países: México, República Dominicana, Equador, Bolívia, Chile, Colômbia, Argentina, Portugal, Espanha, França, Holanda, Suíça (em alemão), Itália, Tchecoslováquia (em tcheco e inglês), Hungria, República Democrática da Alemanha, Iugoslávia, Polônia, Grécia, Filipinas, Índia (em dois idiomas), Sri Lanka, Vietnã, Egito, Estados Unidos, Austrália, Rússia, Turquia. Há uma edição cubana em inglês. Ocean Press, Austrália, 2005 — Havana, Cuba, 2018, Editorial de Ciencias Sociales.

15. *Lula — Biografía política de un obrero*, Cidade do México, México, MCCLP, 1990.

16. *A proposta de Jesus*, Gwangju, Korea, Work and Play Press, 1991.

17. *Comunidade de fé*, Gwangju, Korea, Work and Play Press, 1991.

18. *Militantes do reino*, Gwangju, Korea, Work and Play Press, 1991.

19. *Viver em comunhão de amor*, Gwangju, Korea, Work and Play Press, 1991.

20. *Het waanzinnige geluid van de tuba*, Baarn, Holanda, Fontein, 1993; *Allucinante suono di tuba*, Celleno, Itália, La Piccola

Editrice, 1993; *La musica nel cuore di un bambino* (romance), Milano, Sperling & Kupfer, 1998; *Increíble sonido de tuba* — Espanha, Ediciones SM, 2010; *Alucinado son de tuba* — Santa Clara, Cuba, Sed de belleza Ediciones, 2017.

21. *Uala Maitasuna*, Tafalla, Espanha, Txalaparta, 1993; *Uala, el amor* — Editorial Gente Nueva, La Habana, Cuba, 2016.

22. *Día de Angelo*, Tafalla, Espanha, Txalaparta, 1993.

23. *La obra del Artista* — *una visión holística del Universo*, La Habana, Caminos, 1998. Nova edição foi lançada em Cuba, em 2010, pela Editorial Nuevo Milênio; Córdoba, Argentina, Barbarroja, 1998; Madri, Trotta, 1999; La Habana, Editorial de Ciencias Sociales, 2009.

24. *Un hombre llamado Jesus* (romance), La Habana, Editorial Caminos, 1998 — nova edição 2009; *Uomo fra gli uomini* (romance), Milano, Sperling & Kupfer, 1998; *Quell'uomo chiamato Gesù* — Bolonha, Editrice Missionária Italiana — EMI, 2011.

25. *Gli dei non hanno salvato l'America* — *Le sfide del nuovo pensiero político latinoamericano*, Milano, Sperling & Kupfer, 2003; *Gosto de uva*, Milano, Itália, Sperling & Kupfer, 2003; *Sabores y saberes de la vida* — *Escritos Escogidos*, Madrid, PPC Editorial, 2004.

26. *Hotel Brasil* — Éditions de l'Aube, França, 2004; Cavallo di Ferro Editore, Itália, 2006; — *Hotel Brasil* — *The mistery of severed heads* — Inglaterra, Bitter Lemon Press, 2014 68 — Havana, Cuba — Editorial Arte y Literatura, 2019.

27. *El fogoncito*, Cuba, Editorial Gente Nueva, 2007.

28. *El ganador*, Espanha, Ediciones SM, 2010.

29. *La mosca azul* — *Reflexión sobre el poder*, Austrália, Ocean Press, 2005; La Habana (Cuba), Editorial Ciencias Sociales, 2013.

30. *Maricota y el mundo de las letras*, La Habana, Editorial Gente Nueva, 2012.

31. *El comienzo, la mitad y el fin*, La Habana, Editorial Gente Nueva, 2014.

32. *Un sabroso viaje por Brasil — Limonada y su grupo en cuentos y recetas a bordo del Fogoncito*, La Habana, Editorial Gente Nueva, 2013.

33. *La niña y el elefante*, La Habana, Editorial Gente Nueva, 2015.

34. *Minas del oro*, La Habana, Editorial Arte y Literatura, 2015.

35. *Paraíso perdido — Viajes por el mundo socialista*, La Habana, Editorial de Ciencias Sociales, 2016.

36. *Lo que la vida me enseñó — El desafio consiste siempre en darle sentido a la existencia*, La Habana, Editorial Caminos, 2017.

37. *Fede e Politica*, Itália, Rete Radié Resch, 2018.

38. *El hombre que podia casi todo*, Havana, Editorial Gente Nueva, 2018.

Edições estrangeiras em coautoria

1. *Comunicación popular y alternativa — com Regina Festa e outros*, Buenos Aires, Paulinas, 1986.

2. *Mística y espiritualidad — (com Leonardo Boff)*, Buenos Aires, Cedepo, 1995. Itália, Cittadella Editrice, 1995.

3. *Palabras desde Brasil — (com Paulo Freire e Carlos Rodrigues Brandão)*, La Habana, Caminos, 1996.

4. *Hablar de Cuba, hablar del Che — (com Leonardo Boff)*, La Habana, Caminos, 1999.

O DIABO NA CORTE 213

5. *Non c'e progresso senza felicità*, em parceria com Domenico de Masi e José Ernesto Bologna, Milano, Rizzoli-RCS Libri, 2004.

6. *Dialogo su pedagogia, ética e partecipazione política* — em parceria com Luigi Ciotti, EGA — Edizioni Gruppo Abele, Torino, Itália, 2004.

7. *Ten eternal questions — Wisdom, insight and reflection for life's journey*, em parceria com Nelson Mandela, Bono, Dalai Lama, Gore Vidal, Jack Nicholson e outros — Organizado por Zoë Sallis — Londres, Editora Duncan Baird Publishers, 2005. Edição portuguesa pela Platano Editora, Lisboa, 2005.

8. *50 cartas a Dios* — em parceria com Pedro Casaldáliga, Federico Mayor Zaragoza e outros, Madri, PPC, 2005.

9. *The Brazilian short story in the late twentieth century — A selection from nineteen authors* — Canadá, The Edwin Mellen Press, 2009.

10. *Reflexiones y vivencias en torno a la educación* — y otros autores, Espanha, Ediciones SM, 2010.

11. *El amor fecunda el universo: ecologia y espiritualidad* — com Marcelo Barros. Madri, PPC; Havana, Editorial de Ciencias Sociales, 2012.

12. *Brasilianische kurzgeschichten* — com Lygia Fagundes Telles, Rodolfo Konder, Deonísio da Silva, Marisa Lajolo e outros, Alemanha, Arara-Verlag, 2013.

13. *Laudato si' cambio climático y sistema económico* — com François Houtart, Centro de Publicaciones, Pontificia Universidad Católica del Ecuador, 2016.

14. *Hablan dos educadores populares: Paulo Freire y Frei Betto* — La Habana, Editorial Caminos, 2017. (Colección Educación Popular del Mundo)

15. *Golpe en Brasil — Genealogia de una farsa* — com Noam Chomsky, Michel Löwy, Adolfo Pérez Esquivel, entre outros. Argentina: Clacso, jun./2016.

16. *América Latina en la encrucijada* — com Atilio Borón, Argentina, Fundación German Abdala, 2018.

17. *Nuestro amigo Leal* — com vários escritores, Cuba, Ediciones Boloña, 2018.

18. *III Seminário Internacional Realidades, paradigmas y desafíos de la integración* — com Ignacio Ramonet, Miguel Ángel Pérez Pirela, Miguel Mejía, Francisco Telémaco Talavera, entre outros. Ministério para Políticas de Integración Regional de República Dominicana, 2018.

Sobre Frei Betto

Frei Betto: una biografía — Prólogo de Fidel Castro — escrito por Américo Freire y Evanize Sydow, Havana, Editorial José Martí, 2017.

Sueño y razón en Frei Betto — *Entrevista al fraile dominico, escritor y teólogo brasileño* — Alicia Elizundia Ramírez, Pablo de la Torriente Editorial, La Habana, Cuba, 2018 — Ediciones Abya-Yala, Ecuador, 2018.

LEIA TAMBÉM

O MARXISMO AINDA É ÚTIL?

Frei Betto

1ª edição (2019)
112 páginas
ISBN 978-85-249-2731-7

Este livro é uma introdução à análise marxista da sociedade. Foi escrito em linguagem popular. Em tempos de obscurantismo, é preciso se contrapor àqueles que cometem o grave erro de associar capitalismo e democracia. A análise de Marx comprova que o capitalismo é intrinsecamente nocivo à espécie humana. Este livro analisa também a queda do Muro de Berlim (1989) e os impasses e perspectivas do socialismo. A pertinência da análise de Marx é, hoje, comprovada pela financeirização da economia, a tensão bélica e a reificação do ser humano pelo fetiche da mercadoria.